U0017034

文化叢刊

# 莊子四講

## Leçons sur Tchouang-tseu

畢來德（Jean François Billeter）◎著

宋　剛◎譯

# 目次

# 中文版序

本書四講(*Leçons sur Tchouang-tseu*)是根據我2000年秋天在巴黎法蘭西學士院所作的四場系列講座整理而成的,在其中介紹了自己當時研究《莊子》的一些成果。

自我卸下日內瓦大學教職以來,我所從事的《莊子》研究主要有兩個目標:一是在研究《莊子》思想之外,想在《莊子》的啓發之下研究一些具有普遍意義的哲學問題;二是讓《莊子》將來有一天變成西方學人能夠深入理解的一部經典。在這方面,我只能做一點點鋪路的工作。

爲此,我在這本小書裡採取了四種辦法:首先是翻譯,通過法文翻譯呈現我對文本的解讀。我認爲,這是我工作的精華所在,也是這本小書能夠吸引法語讀者的主要原因。其次是闡釋,讓闡釋伴隨本文,使二者一樣地明晰而有共同的節奏,產生一種複調音樂的效果。第三,儘量參照西方讀者固有的一些知識和親身體會,讓他們更容易切入莊子的思想。第四,在出版選擇上,刻意跳出了一般讀者往往敬而遠之的漢學研究系統,更注意避開了風行於市,卻不爲眞正愛好哲學思考的人所接受的「東方智慧」叢書。本書發表幾年以來,一直受法語讀

者的歡迎，可以說證明了這些辦法是有效的，當然更證明了莊子是一個極爲精彩的思想家。

　　這本小書是給西方讀者看的，相對於中國讀者，可以說是背過身子講話；但也許，正因爲如此，它會在中國引起一定的興趣。把這樣的一本書譯成中文，不是容易的事情。因爲我對《莊子》的解讀主要體現在我的翻譯當中，所以必須把我的法文翻譯翻回中文，不能徑取原文了事。我爲了闡釋《莊子》思想創造了一些新的概念，中文沒有現成的相應辭彙，加上法語與漢語的句法、修辭相距甚遠，把清晰流暢的法文轉換成準確自然的中文，實非易事。其中的種種困難，譯者宋剛先生都一一努力解決了，我在此向他表示衷心的感謝。本書中文版增加了一些簡要的注解，對中國讀者可能不熟悉的人名、書名或概念作了說明。

　　這本小書的法文第一版於2002年問世，現已多次重印。隨後2004年出版的《莊子研究》（*Etudes sur Tchouang-tseu*）是我其他一些關於《莊子》研究論文的結集，篇幅比較長，難度也大一些，但同樣引起了許多人的關注。

　　我對《莊子》的理解與闡釋，以及對中國思想史的一己之見，希望方家不吝指教。至於我提出來的哲學問題，則祈願能有「忘言之人而與之言」矣。

畢來德

Jean François Billeter

# 原序

　　本書四講係2000年10月13、20、27日與11月3日,應法蘭西學士院中國現代史教授魏丕信(Pierre Etienne Will)先生之邀,在該院所作的四場講座。在此,筆者對自己在卸下日內瓦大學中國研究教職之後所從事的一些研究做了一次檢視。

　　莊子是中國古代一位大哲人。一般認為其卒年當在西元前280年左右。彙集了他本人及其後學著述的作品沒有標題,習稱《莊子》。

　　這部舉世無雙的作品,西方漢學家很少有人曾認真加以研究。究其原因,恐怕在於,這本書我們若想入其堂奧,就必須先完成一種雙重批判:一是要擺脫我們普遍認定的那種所謂「中國思想」的概念,二則還得同時對我們自己某些最牢固的觀念提出置疑。

　　《莊子》目前還沒有一個稱人意的法文譯本。Liou Kia-hway(劉家槐)的譯本 *L' Œuvre complète de Tchouang-tseu* (Gallimard, 1969),雖收入「七星叢書」《道家哲人》(*Philosophes taoïste*, Bibliothèque de la Pléiade, 1980),譯文卻委實薄弱;晚出的J. J. Lafitte譯本(Albin Michel, 1994)也沒有

更理想。L. Wieger神父在其《道家學說的諸教父》(*Pères du système taoïste,* 1913, Cathasia 1950年再版)一書中的譯文，則已是徹底過時了。最好的西文譯本當屬Burton Watson的*The Complete Work of Chuang Tzu*(Columbia University Press, New York, 1968)。A. C. Graham(葛瑞漢)的*Chuang-Tzû, The Seven Inner Chapters*(Allen & Unwin, London, 1981)不如前者令人信服，但書中提出了一些看法，有一定的參考價值。

本書對原文引用出處的標示，第一個數位元為篇數，字母表示篇下的分節，之後的數字為《莊子引得》(哈佛燕京引得編纂處，1947，臺北承文出版社1965年再版)中文字句對應的行數。本書對漢學研究的引用力求簡要。

《四講》第七次發行時，筆者因2004年《莊子研究》(*Etudes sur Tchouang-tseu,* Allia, 2004)一書的出版，對原書略有更動。

**補注：**

最近法國漢學家樂唯(Jean Levi)有新譯全本*Les Œuvres de Maître Tchouang*(Encyclopédie des Nuisances, 2006)，文筆新奇，比其他法語譯本耐讀，但未必可靠。

# 第一講　運作[1]

　　《莊子》可以有百種讀法，但原則上只有一種是好的，就是能夠準確把握作者賦予他作品及其各部分全部意義的那種。筆者就是試圖接近這樣的解讀——首先是因為它應該是最有意思的解讀，其次是因為這是研究的一個必要前提。如果學者們不朝這樣的目標努力，則始終無法整合眾人的力量，一同加深對文本的理解。

　　因此，筆者的態度是有別於許多漢學家的。他們彷彿彼此心照不宣，久已達成了一種共識，即所謂《莊子》一書，其文本如此艱深，其傳承狀態又如此疑雲重重，書中所表述的思想更是離我們非常之遙遠，所以企圖確切理解它，非為天真即屬妄想。在他們看來，千百年來無數注釋、衍義、解說又附加其上，而這些注解本身也都晦奧難通，所以障礙已呈不可克服之勢。其實大家之所以如此眾口一詞，恐怕是因為這樣的觀念，讓人大可不必細讀文本，盡可以人云亦云，生套些陳詞濫調，或對《莊子》隨意詮釋解說，也不必擔心遭到別人的反駁。

---

1　法文原題 "Le fonctionnement des choses"（事物的運作）。

　　我的目的就是要打破這一成見。我採取的作法不是試圖提出一種特定的解讀，而是要陳述自己是如何去嘗試理解莊子的，一方面要闡明我自認為已經取得的一些成果，另一方面也坦承自己遭遇的疑惑，以及自己還在追問的一些問題。我希望能夠讓讀者了解到，當我們本著一種既嚴謹又大膽想像的精神去研讀這一文本的時候，能夠有什麼樣的發現。

　　我的研究是這樣開始的。有好些年，我翻譯了《莊子》的一些段落，這既是出於對翻譯的喜好，也是因為想與一位朋友討論這些段落的思想內容。在這樣斷斷續續的翻譯過程中，我逐漸意識到了原作之高明，不只是高明於西方漢學家的各種譯本和所做的各種詮釋，也高明於中國歷代文人及現代學者的諸種闡釋。從此，我對《莊子》原文的興趣日增，同時，對這些二手資料則越來越產生了戒心，導致我最後面對的不是一個，而是兩個研究議題：一是《莊子》本身，二是人們長期以來對它施以的種種簡化、歪曲或挪用。

　　這裡我得補充一點：我的研究，假如不是始於翻譯，而且一直把翻譯列為最終目的，就不會是它今天的這個樣子。因為沒有任何研究方法，任何學術規範會像翻譯那樣迫使我們如此全面審慎地考量一份文本的所有特點，包括它的架構、節奏、語氣，等等，——而這些也都一同決定了文本的意義。原文與其對應的法文文本之間的多次往返、多次對照是逐漸顯現文本含義的最有效的方法。我甚至認為，一種不曾經歷翻譯之考驗的詮釋，必然是主觀而片面的。

　　到目前為止，西方漢學家大致是以四種方式來研究《莊

子》的。最常見的是借鑑傳統的中文注解來翻譯、評注《莊子》。另一部分人則試圖從中國古代思想史和宗教史入手，對傳統評注加以更新或是精緻化的研究。還有的人則偏重於文本的考據學研究，他們大多只關注文本的傳承、來源以及眞偽等問題。最後一些研究者則試圖將《莊子》當中某些提法與西方某哲學家，特別是當代哲學家的某些觀點加以類比，由此構織新的論述。

　　這些方法儘管都是有用的，卻始終讓我感覺稍欠人意，只是很長時間也看不到別的可能。後來有一天，有了這麼一個想法：《莊子》不是一個普通的文本。它，至少它的一部分，乃是一位哲人的作品。我所謂的哲人，指的是這麼一個人：一，他進行獨立思考，而且是根據自己對自我、他人及外界的親身體會進行思考的；二，他注意參考在他同時及在他以前的別的哲人的思考；三，他對語言的陷阱又有敏銳的感悟，因此十分謹慎地運用語言。

　　這一想法在我面前開闢了新的視野。我自己對這樣的哲學活動有興趣，這在莊子和我之間便構成了一種原則上的平等關係。他既然根據他的親身體會進行獨立思考，我既然也願意這樣做，我們之間就產生了交會：他的經驗與我的經驗，必然或多或少有彼此印證之處。由此我便得出了自己的第一條研究原則。每次要去研究《莊子》的一段文字的時候，我首先要問自己的，不是作者在推演一些什麼概念，而是他在談論哪種具體的經驗，或是共通經驗中哪一個方面。

我的第二條研究原則是在維根斯坦 [2] 那裡找到的，更具體地說，是他在下面這段文字。他在《紙條集》當中寫道：「我們在此遇上了哲學研究中的一個特殊的、典型的現象。可以說，難的不是找到答案，而是在看起來只是答案的入門階段裡辨識出答案來。……我想，這是因為我們期待的是一種解釋，而看不到描述已經是困難的答案——當然要給這一描述它應有的地位，要停留在這一描述上，不再試圖超越它。——難的是：停。」[3] 維根斯坦在不同地方以不同的方式提出過這一想法。在他最後的手稿中，他是這麼說的：「早晚要從解釋回到描述上來。」[4] 在他後期的哲學當中，他就是這樣，對一些最基本的現象耐心地、不斷地、反復地進行描述的。這也是他後期的筆記會顯得如此令人困惑的原因：他是以高度的注意力觀察我們可以稱之為「無限親近」或是「幾乎當下」的現象。

而我有一天意識到了，莊子在我最熟知的一些段落當中，也是這樣做的。我前面已經認定他是一位哲人，是一個獨立思考的，首先關注自己的親身經驗的人。而我現在發現，他是在描述這些經驗，而他的描述非常精確，非常精彩，也一樣是描述「無限親近」與「幾乎當下」的現象。這又為我打開了新的途徑，可以依靠這些描述去理解莊子的一些核心思想，而由此一步一步走進未能理解的區域。

---

2　Ludwig Wittgenstein(1889-1951)，奧地利人，後半生任教劍橋大學。20世紀重要哲學家，對語言的運用有深入研究。

3　*Zettel*, §314。筆者譯自德語原文，下同。

4　*Über Gewissheit*(《論確實性》), §158。

維根斯坦說，要停在描述上。這意味著兩點：一是要放棄我們日常的活動，轉而全心全意地檢視我們眼前的或是甚至離我們更近的現象；二是要以精準的語言來描述所觀察到的現象，花足時間，找準辭彙，抵禦話語本身的牽引，強迫語言準確表達我們所知覺到的東西，而且只是表達那些。後一點則要求對語言有極高的駕馭能力。而維根斯坦和莊子，雖然如此迥異，卻都是出色的作家，這絕不是件偶然的事。

下面就是《莊子》當中這類描寫的一個範例。這是書中第三篇〈養生主〉裡的一則對話。人物有兩個，一個是與莊子同時代的魏國君主文惠君[5]，另一個是一個屠夫──一個莊子想像的人物形象：

> 庖丁爲文惠君解一頭牛。他或手觸牛體，或是以肩膀頂住牛軀，或是雙腿立地用膝蓋抵住牛身，都只聽嘩嘩的聲響。他有節奏地揮動牛刀，只聽陣陣霍然的聲音，彷彿是在跳著古老的「桑林舞」或是在鼓奏著「經首曲」。
>
> 文惠君歎道：「佩服！技術居然可以達到這種程度！」
>
> 庖丁放下刀回答說：「您的臣僕我所喜好的不是技術，而是事物之運作。我剛開始做這一行的時候，滿眼所見都是一整頭牛。三年以後，所看到的就只是一

---

5　西元前369-前319在位。

些部分而已。而到了現在，我只用心神就可以與牛相
遇，不需再用眼睛看了。我的感官知覺已經都不再介
入，精神只按它自己的願望行動，自然就依照牛的肌
理而行。我的刀在切割的時候，只是跟從它所遇到的
間隔縫隙，不會碰觸到血管、經絡、骨肉，更不用說
骨頭本身了。(……)在碰到一個骨節的時候，我會找
準難點，眼神專注，小心謹慎，緩慢動刀。刀片微微
一動，牛身發出輕輕的『謋』的一聲就分解開來，像
泥土散落掉在了地上。我手拿牛刀，直立四望，感到
心滿意足，再把刀子揩乾淨收回刀套裡藏起來。
(……)」[6]

　　我只引用了這段文字的一個部分，因為我目前只關心文章
開頭的那段描述，也就是庖丁對他自己學習過程的描述。
　　庖丁對文惠君說，在他剛開始做解牛工作的時候，「所見
無非全牛者」，滿眼都是那一整頭牛。面對那樣一個龐然大

---

6　〈養生主〉(3/b/2-7, 10-11)。所引原文如下：
　　「庖丁爲文惠君解牛，手之所觸，肩之所倚，足之所履，膝之所踦，砉
　　然響然，奏刀騞然，莫不中音，合于《桑林》之舞，乃中《經首》之會。
　　文惠君曰：『嘻，善哉！技蓋至此乎？』
　　庖丁釋刀對曰：『臣之所好者，道也，進乎技矣。始臣之解牛之時，所
　　見無非全牛者。三年之後，未嘗見全牛也。方今之時，臣以神遇，而不
　　以目視，官知止而神欲行。依乎天理。批大郤，導大窾，因其固然。技
　　經肯綮之未嘗，而況大軱乎！(……)每至於族，吾見其難爲，怵然爲
　　戒，視爲止，行爲遲。動刀甚微，謋然已解，如土委地。提刀而立，爲
　　之四顧，爲之躊躇滿志，善刀而藏之。(……)』」

物，他只會感到自己有多麼無能為力。之後，最初這種主體與客體間的對立狀態發生了變化。經過三年的練習，他就「未嘗見全牛也」，所看到的只是一些部分了，也就是那些在切割的時候要特別注意的部分。庖丁已經靈活了，開始戰勝客體對他的對抗了，他所意識到的已經不再是客體物件，而更多的是他自己的活動了。最後，這一關係發生了徹底的變化。庖丁對文惠君說：「方今之時，臣以神遇，而不以目視，官知止而神欲行，依乎天理。」即是說，到了現在，他只用心神就可以與牛相遇，不需再用眼睛看了。他的感官知覺都已經不再介入，精神只按它自己的願望行動，自然就依從牛的肌理而行。他練出來的靈巧，現在已經高明到了牛對他不再構成任何阻力，因此也就不再是他的一個客體物件的程度了。而客體的消失，自然也伴隨著主體的消失。庖丁在行動中是如此投入，以致他能夠「以神遇，而不以目視」了。在我剛剛勾勒出的這一進展邏輯當中，「神」不是外在於庖丁的某種力量，也不是在他身上行動的某個殊異力量。這個「神」只能是行動者本身那種完全整合的動能狀態。當這樣一種徹底的融合產生以後，活動也會發生變化，進入一個更高層次的機制[7]當中。它似乎已經掙脫了意識的控制，只服從於它自身了。這便是庖丁描述的現象：「神欲行，依乎天理。」精神只按它自己的願望行動，自然依

---

7  「機制」轉譯法語régime一詞。該詞的一個含義，可指一台發動機的轉速，因轉速的高低產生發動機功率的強弱。筆者借用於此，比喻我們主體的不同活動方式，作為闡釋莊子思想的一個關鍵字，因以「機制」譯之。

從牛的肌理而行[8]。

我們只需略加思考，便能認識到，庖丁描述的各個階段是有根據的。這樣的階段，我們也是很熟悉的，我們自己也曾經歷過多次。譬如說，小的時候，我們學著把水倒進一個杯子裡，或是學切麵包，也都得先從戰勝物的慣性開始。等那些物對我們的抵抗逐步減弱了，我們才漸漸把注意力集中在一些難點之上——比如，小心不要把酒滴到桌布上，或是把麵包切成厚度均勻的薄片等等。最後，我們完成這些動作可以是毫不費力，完全不受物的限制。有時候，我們甚至也能夠達到那種渾整的狀態，讓活動產生質上的變化，賦予它一種奇妙的效率：譬如說，當我們一槌便將一根長長的釘子敲進木頭裡時，不也曾跟庖丁一樣，面對成果，「提刀而立，為之四顧，為之躊躇滿志」嗎？

其實不只是在操控物件的時候，就連要協調我們自身的行動，其學習過程也都如此。我們都是經歷了這樣的階段才學會行走或是說話的。在學一門外語的時候，我們也有同樣的經歷。就跟庖丁面對他的牛一樣，我們看那門外語，開始也是一整塊橫亙眼前，阻撓著我們的表達願望，然後才開始只注意其中困難的部分，而最後才能「以神遇」，只用心神就可以了。在我們說這門外語的時候，也是「神欲行，依乎天理」，精神

---

8　對本段文字全文的翻譯和分析，參閱畢來德*L'Art chinois de l'écriture*（《中國的書寫藝術》（Skira, Genève, 1989; Skira/Seuil, Milan/Paris, 2001, 2004), pp. 270-272. 關於「神」的概念，頁178、182起，並查閱索引「神」條目。

只按它自己的願望而動，自然就能依理而行。那語言不再外在於我們，不再是一個客體物件。此外，我們還可以想想音樂，想想掌握一種樂器，譬如說小提琴——想想從初學者的困難重重，到高超的音樂家在某些時刻所能實現的奇蹟，這中間又經歷了怎樣的過程！

我們都熟悉這些學習的過程，可是我們沒有想到要這樣去總結它：只短短四句令人叫絕的話。莊子給出了我們所缺乏的範式，使我們能夠把之前分散的許多現象聚合起來、組織起來，還能夠通過別的觀察去加以補充，進而以一種嶄新的視野來理解我們的一部分經驗。我們所有的有意識的活動，從最簡單到最複雜的都不例外，其學習過程都經歷過這些個階段。

讀者或許已經注意到，我給「經驗」（expérience）這個詞賦予了一種特別的意涵。我不是說那些在實驗室裡進行的實驗 9，也不是說我們在生活過程中，或是在某一職業中積累起來的那些經驗，也不是我們某一次，在某個特殊場合所感受到的某種具體的經驗。我所謂的經驗，指的是我們一切有意識的活動的基礎。我們非常熟悉的這一基礎，但一般並不注意它，因為它離我們太近，而且太過普通。我們平常不關注它，但是可以逐漸去察覺它，去認識它。這需要培養一種特殊的注意力，而要讀好《莊子》，正好需要培養這樣的注意力。

下面是另外一則生動的對話，同樣也是想像的。主人公也

---

9　法文的expérience一詞有「經驗」與「實驗」的雙重意義。

是一位歷史人物，齊國著名的君主齊桓公[10]，另一方是位名叫
扁的輪匠。對話的場景是在王宮內的某個庭院裡。當然，像這
樣讓一名工匠拾階而上，走到君主讀書的大殿，而未經邀請便
向君主發問，完全是件不可思議的事：

> 齊桓公在大殿上讀書，輪匠扁在殿下敲鑿一個輪子。
> 輪扁把錐鑿放下來，走了上去，問桓公説：「請問您
> 在讀什麼？」
> 桓公説：「讀聖人之言。」
> 「那聖人都還活著嗎？」
> 「已經死了。」
> 「那您讀的，只不過是古人的糟粕而已！」
> 桓公説：「寡人我讀書，輪人怎麼能夠隨便議論？你
> 要說得出理由還可以，要是說不出，就要處死！」
> 輪扁説：「我是根據我的經驗來判斷的。我在斫打車
> 輪的時候，太輕就吃不住，要是敲得太猛就會滯塞在
> 木頭裡。而在輕重疾徐之間，得於手應於心。這當中
> 有一種寸勁兒，我自己也無法用語言來表述，所以我
> 也不能把它傳給我的兒子們，而我的兒子們也沒能得
> 以繼承於我，至於我現在已經年過七十，還得繼續在
> 這裡斫輪。古人那些不可能言傳的東西早就隨他們的
> 死去而被帶走了，所以您讀的東西也不過是他們的糟

---

10　西元前685-前643在位。

粕而已。」[11]

這則對話跟前一則一樣，包含了很豐富的意涵，只有在經過思考以後才會顯現。而我們在此仍然只關注一點，即是輪人對他的工作經驗的描述。

首先，有一個技術性的問題。輪人說：「斲輪，徐則甘而不固，疾則苦而不入。」即是說，斲打車輪的時候，太輕就吃不住，而敲得太猛就會滯塞在木頭裡。原文的說法有些晦澀，我這個翻譯只是一種猜測。可以肯定的是，輪人是在鑿打，因為他所用的工具是錐鑿。我設想他是在敲鑿輪緣，正沿著切線的方向鑿打輪子的曲線。我還不知道這種假設是否正確。也許不是輪緣，而是一個實心的輪子，像在中國到20世紀都還有的，用板子拼結而成，然後在周邊加以修整，最後用鐵皮包起來加固的那種輪子。不過，關鍵的句子是下面一句，「不徐不疾，得之於手而應於心」，要在輕重疾徐之間，只能得手應心，而且輪人還補充說，「口不能言，有數存焉於其間」，這當中有一種寸勁兒，無法用語言來表述。而他這一說法絕對不

---

11 〈天道〉(13/e/68-74)。所引原文如下：
　「桓公讀書於堂上，輪扁斲輪於堂下，釋椎鑿而上，問桓公曰：『敢問：公之所讀者，何言邪？』公曰：『聖人之言也。』曰：『聖人在乎？』公曰：『已死矣。』曰：『然則君之所讀者，古人之糟魄已夫！』桓公曰：『寡人讀書，輪人安得議乎！有說則可，無說則死！』輪扁曰：『臣也以臣之事觀之。斲輪，徐則甘而不固，疾則苦而不入，不徐不疾，得之於手而應於心，口不能言，有數存焉於其間。臣不能以喻臣之子，臣之子亦不能受之於臣，是以行年七十而老斲輪。古之人與其不可傳也死矣，然則君之所讀者，古人之糟魄已夫！』」

假，他其實是在準確地描述實際情況。

讓我們也像他那樣，根據我們自己的經驗來判斷。我們不會鑿輪子，但是我們會使用錘子把釘子釘進木板。只要我們稍稍觀察一下自己的動作，我們就會跟輪人一樣，看到在這當中，「有數存焉」，有一種寸勁兒，「口不能言」，無法用語言來表述。跟他一樣，我們也不能用語言來傳授給別人。誰掌握了這一動作，都是憑著他自己的實踐才掌握好的，都是面臨了初學時的種種困難，經歷了類似庖丁所說的那一個個階段，最後才掌握到的。語言在這個學習過程中當然能起一定的作用，但只是引導學習者，幫助他理解自己的錯誤，儘快從中吸取教訓。輪人說，「口不能言，有數存焉於其間」，而他不能「喻」其子，不能把它傳喻給他的兒子們。他無能為力，因為他的兒子們不願意自己主動去掌握斫打車輪的動作。所以他「行年七十而老斫輪」，年過七十，還得繼續在這裡斫輪。輪扁的手藝無人繼承，其實他也不曾有過師父。他雖然不是輪子的發明人，也不是鑿輪技術的發明者，但是他自己的動作卻是靠自己完成的。「不徐不疾，得之于手而應於心。」這裡的文字描述是很精準的：手是經過不斷的嘗試才找準了恰當的動作，心將每一個嘗試的成果記錄下來，一點一點地從中抽離出有效的動作模式。這一模式，從物理和數學上看是很複雜的，可對於掌握了動作的人來說，卻又非常簡單。動作乃是一種綜合。

這一事實影響深遠。成年人不再意識到，他曾完成了類似的綜合工作之後，才學會了那些構成其意識活動之基礎的每一

個動作，就連純粹的精神活動也不例外。他看不到這一深層基礎，因此也就無法再對它加以改變。當然，說一個這樣的動作是無法通過言語來進行傳遞的，並不意味著它「神秘」或「不可知」。事實恰恰相反，掌握了一個動作，等於掌握了一種知識，而這種知識在我看來是最根本也是最可靠的知識，只是哲學從來不曾納入其考量的範圍罷了。他們的這種盲目，我認為起因有三。第一，是這種知識是非論述性的，是話語之外的。第二，是我們認為它不值得注意，因為太熟悉它，對之視而不見。第三個原因，是因為一個反覆執行的動作，必然會變成無意識的動作。我們越是準確無誤地在實踐它，它便越是會跳脫我們的注意——更無庸說哲學家們的注意了。

　　桓公與輪扁的對話前面，有一小段哲學論述，可以說是這則故事的序言。這段簡短的文字主要涉及言語的問題。我在此只引用其中的兩句話：

　　　　我們所聽到的，都是詞和聲音。很不幸，大家以為（……）這些詞、這些聲音能讓人家捕捉到事物的真實情況——這其實是個錯誤。可是他們卻沒有意識到這一點，因為人在知覺的時候，就不曾言說，在言說時，就不能知覺。[12]

---

12　〈天道〉(13/e/66-68)。所引原文如下：
　　「聽而可聞者，名與聲也。悲夫！世人以（……）名聲為足以得彼之情。夫（……）名聲，果不足以得彼之情，則知者不言，言者不知，而世豈識之哉！」

　　莊子說，人都誤以爲言語能讓他們把握到事物的眞實情況。他說，這一錯誤是因爲「知者不言，言者不知」，即人在知覺的時候，就不曾言說，在言說時，就不能知覺。莊子這句話描述了一種我們自己也可以觀察到的關係。當我們用心關注一種外在的或內在於我們的感性現實的時候，言語便從我們的意識的中心消失了。而反過來，當我們在使用言語的時候，雖然我們並不曾停止知覺，但是我們的知覺卻變成週邊周邊的東西，我們不能再把注意力放到上面。維根斯坦曾觀察到這一點：「我在看某物的時候，就不能想像它。」[13] 反過來，他還說：「我們在想像某物的時候，便不曾觀察。」[14] 瓦萊里[15] 在其《筆記》中也曾寫道：「我所想的會干擾我所見的，——而反之亦然。這一關係誰都可以觀察到。」[16] 莊子則認爲，正是因爲我們的精神活動本來就含有這一關係，語言才讓人產生幻覺：當我們在言說的時候，我們就不再知覺，因此看不到言語與現實的差距而誤以爲言語是現實的準確表達。而當我們把注意力集中到一個感性的現實之上時(比如，在一個我們正在試圖完成的動作之上)，我們又會忘記言語，而同樣察覺不到言語與現實的差距。哲學家和作家的責任，就是要克服這種天然的相互排斥關係，讓言語和感性現實相對照，而當言語誤導我們的時候則要糾正它。在此，莊子又一次讓我們看到了一個根

---

13　*Zettel*（《紙條集》），§621。

14　同上，§632。

15　Paul Valéry(1871-1945)，法國作家，其筆記有豐富的思想內容。

16　*Cahiers*(Bibliothèque de Pléiade, 2 vols., 1973, 1974), vol. 1, p.795.

本的現象。

　　熟悉原文的讀者也許會認爲我在胡說。他們會說，我剛剛
闡釋的這句話乃是一句極爲出名的諺語，大家都把它翻譯成
"Celui qui sait ne parle pas, celui qui parle ne sait pas"（「知道
的人不說話，說話的人不知道」）。這句話出現在《老子》第
五十六章中，大家都很熟悉，一直都是這樣翻譯的。那麼我爲
什麼要把「知」（savoir，知道）這個動詞譯作percevoir（知覺）
呢？我之所以有這個想法，首先是因爲我希望理解原文。仔細
想來，無論是在《莊子》這段話中，還是在《老子》那裡都一
樣，通用譯法沒有任何意義。這句諺語的傳統解釋是荒謬的，
因爲誰也不會認定知識在根本上即是一種秘密的或是不可言傳
的東西。很明顯的，原句的通用翻譯不正確。那麼，要走出中
文「知」跟法文savoir（知道）這種令人寸步難行的對譯關係，
就要打開思路。一方面，要先觀察「知」這個動詞以及一些與
它相近的、與它屬於同一意義空間的別的動詞，在古漢語中的
用法。另一方面，要研究我們savoir（知道）這個動詞的用法，
以及與它同屬一個意義空間，並且與中文意義空間基本吻合的
其他動詞的用法。這一考察費時不多。我們很快就看到在法語
當中，"savoir"這個動詞的對象總是一個確切的事實或是一
種確定的知識，它並不要求知者與認對象件之間具備親近的關
係。而在中文當中，「知」卻包含了這種親近性。「知」總是
指向一種以某種方式在場的對象。所以，「知」在法文當中最
好的對應辭彙，不是savoir（知道），而應該是appréhender（領
會），在某些情況下爲percevoir（知覺）。在我剛剛引述的這段

話當中，只要把「知」翻成「知道」，整個句子就很難理解。而把它譯作「知覺」的時候，卻能夠說明這個句子是準確地、生動地描繪一個實在的經驗：「人在知覺的時候，就不曾言說；在言說時，就不能知覺。」在詞法與句法所允許的範圍內，最終能夠支援翻譯的，還是經驗。

對此，我想通過解讀下面這第三則對話來加以證明：

> 孔子觀賞呂梁瀑布。水流高懸三十仞，泡沫滾出四十里外。大龜鱷魚都不可能在那裡停留，可是孔子卻看到有位男子在游水。他以爲是個不幸的人想自殺，就叫弟子順流趕去救他。可那個人幾百步之外卻又浮出了水面，然後披著頭髮吟唱著，順著河岸散起步來。
>
> 孔子跟過去，問他：「我還以爲您是個鬼呢，可是近看您又還是個活人。請問，您這麼浮游於水有什麼方法嗎？」
>
> 那人説：「沒有，我沒有什麼方法。我是開始於本然，發展出自然，而最終達到必然了。我任由自己被漩渦沒入，又同湧流一起浮出，我只是順著水勢而動，不曾以自己的主觀願望而動。」
>
> 孔子問：「什麼叫做從本然出發，發展自然，達到必然？」
>
> 那人回答說：「我出生在這片山陵當中，安於這片山陵：這就是所謂本然。我在水裡長大，慢慢地也安於其中：這就是自然。現在，不知道我爲什麼會那樣行

動，卻能那樣行動：這就是必然了。」[17]

這裡又是一個技藝高超的人在解答一個問題。游水男子對孔子說，我沒有什麼方法，但是我可以告訴你我的經驗，就三個字：本然、自然、必然。原文是「故」、「性」、「命」三個叫人吃驚的辭彙，意思也不甚了然，所以孔子讓游水男子爲他解釋。「故」通常是指過去的、已經完成的或是之前的事物，所以也有「原故」的意義。「性」可以理解爲天性，其意義類似說某物的質性，或是人的本性這類抽象的概念。可是在古人筆下，「性」並不是一個現成的事實，而是某物特有的一種潛能，而這一潛能有可能會得到實現，也有可能實現不了。如果實現了，那這種「性」就成了此物的自我實現，因爲它顯現了它本來具備的潛能。第三個字眼「命」，意思是命令、任命、囑命，但也是命運、宿命、必然。這三個詞的含義，我們通過游水男子的陳述才能理解。他是根據他經歷的三個階段解釋的。他說，「吾生於陵而安於陵」，我出生在這片山陵當中，

---

17 〈達生〉(19/i/49-54)。所引原文如下：

「孔子觀於呂梁，縣(懸)水三十仞，流沫四十里，黿鼉魚鱉之所不能遊也。見一丈夫遊之，以爲有苦而欲死也。使弟子並流而拯之。數百步而出，被髮行歌而遊於塘下。

孔子從而問焉，曰：『吾以子爲鬼，察子則人也。請問：蹈水有道乎？』曰：『亡，吾無道。吾始乎故，長乎性，成乎命。與齊俱入，與汨偕出，從水之道而不爲私焉。此吾所以蹈之也。』

孔子曰：『何謂始乎故，長乎性，成乎命？』

曰：『吾生於陵而安於陵，故也；長於水而安於水，性也；不知吾所以然而然，命也。』」

安於這片山陵，「故也」，這就是「故」。從字面上講，就是
「本來就有的」東西，可以譯成「本然」。他又說自己「長於
水而安於水」，在水裡長大，而安於水中，「性也」，這就是
性。我把它譯作「一種自然」（un naturel），因為沒有別的更
好的詞，相當於說我們通過長期練習而達到的那種自然行
動[18]。最後他說，「不知吾所以然而然」，不知道自己為什麼
會那樣行動卻又那樣行動，「命也」，這就是「命」。我譯作
「必然」。但這個字必須在一個特定的意義上去理解：游水男
子已經能夠與激流漩渦完全融合，他的動作是完全自發的，無
意的，不由他主體意識來支配，換句話說，對他來說是「必
然」的了。我們之所以能夠讀懂這段頗為艱深的文字，並且能
翻譯出來，是因為我們所面對的，仍然是對為我們熟知的一個
發展過程的描述。

　　但是，若是想全面理解游水男子所講的經驗，我們還要把
整個文本都考慮進來。孔子作為一代宗師，一位儀式專家，一
名精通禮樂的博學大家，是個在各個方面嚴格遵守規則的人。
他面對瀑布「縣（懸）水三十仞，流沫四十里」的壯觀景象，看
到的是一種超凡絕塵的情景，無法想像人可以出沒其間，卻竟
然在其中看到了一個人，當然只能是一個「有苦而欲死」的不
幸之人。所以他吩咐弟子——有宗師自然有弟子——順著河流
趕去救他。可是數百步開外，冒出水面的不是一個求救的人，

---

18　我們甚至會想把「性」譯作 l'acquis（習性），只是「習性」無法表達「某
　　物原先具備的，特有的潛能」這一意義。

而那游水的男子從水裡出來之後，居然唱著歌，沿著河岸散步。這個場景當中，所有細節都很重要。游水男子披頭散髮，而孔子和他的弟子們肯定是規規矩矩地梳著髮髻；他是獨自一個人，而弟子和宗師卻構成了一個小階序社會；他悠然散步，而那些孔門弟子卻都心急如焚、匆匆忙忙，孔子還緊趕在他們身後。整個世界都顛倒過來了：原則上，一個人的地位越高，他的行動越舒緩；這裡卻是孔子在追他的學生，而他的學生在追那個孤獨的人。只有大家都圍繞他，聚成了一團，他才停下歌唱。於是孔子向他提出問題了。這是孔子的角色。在《莊子》中，孔子的形象常常如此。他是以為自己都明白，可遇上人事會突然懵了，卻又總是積極試圖去理解，而且能夠欣然接受他人高見的那麼一個人。他先是看到了一種超凡絕塵的壯觀景象，然後又以為撞見了一個鬼，而現在卻是面對一個他可以與之對話的人。孔子問，「我想了解，您這樣從一個境界達到另一個境界，方法是什麼？」他這樣問，是因為知道自己沒有這種穿越的能力。那個人回答說，「我沒有什麼方法，不過我可以把我的經歷告訴您」。接下來，就是那段簡短的描述，而孔子又請他解釋一番。這樣的場景意味著孔子自己還沒有達到「必然」，還沒有發展出所需要的「自然」行動能力。也許，是因為沒有從「本然」，也就是說，從存在當中最當下的、基本的、普通的現實出發。而要達到高超的境界，游水男子對孔子解釋說，就要將本然的現實作為基礎，下功夫發展出一種自然，從而可以回應水流的激蕩與翻滾，以一種可以說是必然的方式來行動，而且因為這種必然而自由。很顯然，這裡的激流

漩渦指的不只是水，而是指在不斷變化的現實當中，所有外在
和內在於我們的一同運作的所有力量。

　　游水男子解釋了之後，對話就結束了。孔子沒再說什麼，
對游水的人也沒有說，對弟子們也沒有說。大家也都看見了，
也都聽見了。有時我試圖想像一位大畫家，比如說喬托[19]，根
據這個場景會畫出一幅什麼樣的圖景來。

　　那麼我讀對了嗎？我真把握住了作者在這則對話裡以及前
兩則當中所灌注的意義了嗎？至少，我認為已經接近了很多。
也許我這份自信會令人不快。但我的確是想反對某些在大學界
裡通行已久的慣習，就如同古希臘研究專家波拉克在他最近的
一部著作當中所說的那樣：在這些圈子裡，他寫道，「下定決
心徹底理解文本的意義，將它理解透徹，仍然是很少見的，而
且在某種意義上是被禁止的」[20]。他還說，在學術界，「能夠
就文本的意義達成某種共識的可能性本身，在今天，也是普遍
遭到否定的」[21]。在此，我想提出三條論據為我的解讀進行辯
護。

　　首先，這一解讀之所以更準確、更可靠，是因為它能夠更
好地展現文章整體的效應，能夠更全面地說明作者是如何採取
了詞法、句法、邏輯、文學、戲劇的手法來表達思想。

---

19　Giotto dr Bendone(1266?-1337)，義大利佛羅倫斯天才畫家，以擅長摹繪
　　聖經故事之情節性著稱。

20　Jean Bollack, *Sens contre sens. Commemt lit-on ？ Entretiens avec P.
　　Llored*(《理解與誤解。我們怎麼讀？與P. Llored的談話》)(La Passe du
　　vent, 2000), p. 179.

21　同上，p. 175.

　　第二，在我看來，這一解讀之所以可靠，也是因為在作品某個段落裡表達的思想，又能在別的段落得到直接的或間接的印證。我所引述的三則對話就有一些共同點。在這三則對話中，都有一個人物在行動，引發了別人的欣賞或是驚異。那個人開始完全沈浸在自己的實踐當中。別人向他提出了問題，他才停下來說話，並對他的實踐加以解釋。他的表述清晰透徹，言簡意賅，因為他不需要證明什麼；他行動所表現出來的能力本身就是一個充分的證明。他只是描述自己的運作，並且很自然就賦予了這一描述一種普遍意義。他們是「生於陵」的普通人或是匠人，卻跟顯赫的君王或是名師孔子及其高足們對話，在他們身上又看不到任何過分恭敬的態度。其技藝之不斷精進賦予了他們獨立人格和清醒的思維。這些文本之間相互呼應的關係是很有意義的，在《莊子》一書當中也是很多的，或顯而易見，或隱而未發。我們越讀，看到的就越多，同時也會發現越來越多的差異、雜音，甚至是矛盾的地方——因為一部《莊子》並不是塊然一體的。

　　我的第三個理由，是解讀與經驗相符。我能從文本中讀出某種具體的經驗的描述，那就說明我讀對了——尤其是描述我們所處身其中的最普遍、最實質的「無限親近」的時候。這一讀法，在愛好玄思的讀者眼中或許太過簡單，而眾所周知，這樣的愛好者在《莊子》的信徒當中為數不少。可是，我感興趣的不是文字當中的，而是現實當中的奧秘；一個文本，越是能夠生動準確地顯現這種奧秘，我的興趣就越大。

　　也許還有一些讀者會很不高興，覺得在我的解讀當中，文

本的底蘊再看不出任何中國的特徵了。他們會感到失望，因爲其內含不能符合他們所想像的、認爲莊子必須來證實的一些內容。可是，我們往往是這樣去閱讀的：向文本投射我們自己先入爲主的見解，讓我們的成見決定了我們在著作當中所看到的東西。這些成見往往對新的解讀構成了強大的阻力。我反此道而行。我不是先決地認定莊子是一位中國思想家，或是道家或是其他的什麼家，然後再相應地去解讀他，而是力求用批判的眼光，本著嚴謹而靈活的態度去解讀，然後才去判斷我的發現是否符合既有的觀念。如果發現這些觀念是錯誤的，我還會去思考它們從何而來，是何時出現的，是起始於哪種錯誤、哪類蒙昧或是哪些扭曲。在這方面，素材也豐富無比。在後文當中，我會談到把莊子一上來劃定爲「道家」會引人進入怎樣的誤區。

我這一立場，自然產生了一種翻譯的方式。我剛才已經指出，在詞法與句法所允許的範圍裡，經驗才是翻譯最終的根據。這乃是我的一條原則。此外，我也儘量避免使用那些可能讓讀者以爲他所面對的乃是某種中國專有的概念、觀念或是現實的辭彙，使他看不到在他眼前實際上是一種普遍經驗的描述。像「道」這個字，在我引述的對話當中就出現了兩次，可我都刻意讓它不曾凸顯。當文惠君看過庖丁解牛之後，他感歎道：「嘻，善哉！技蓋至此乎？」技術居然可以達到這個程度啊？庖丁的回答，字面上是：「臣之所好者，道也。」喜好的是道，「進乎技矣」，超過了技術。那在法文翻譯裡是否應該放進中文的Dao或是法語的Voie(道路，「道」的常用的一種

翻譯)呢？如果放了，只能給譯本貼上一個標籤，讓人明顯地
看到它的中國起源，而同時卻使其意義脫離了讀者的理解範
圍。與此相反，我把「道」當作一個普通的字彙，認為莊子賦
予它的意義，從上下行文的脈絡便可以理解到，而我的任務則
是，要選擇確切表達莊子所指的現象的法語辭彙。我的翻譯
是：「您的臣僕我所喜好的乃是事物之運作（fonctionnement
des choses），而不只是技術。」這首先符合對答的語氣，而且
後文也明顯地證明，庖丁透過其解牛技術的演進，所探尋的正
好是某種近似「事物之運作」的東西。而當孔子追趕上他的弟
子，向河邊那位男子提問的時候，他的問題字面上是：「蹈水
有道乎？」這樣浮游於水有一個道嗎？我的翻譯是：「您這麼
浮游於水有什麼方法嗎？」因為孔子要說的就是這個意思。在
下面幾講中，我還準備用好幾種不同的方式來翻譯「道」，而
每一次我都會對我的選擇加以說明。我認為，在莊子筆下，
「道」這個詞還不曾表示一種已經定形的概念，更毋庸說一種
已經神聖化的概念了。他是靈活運用這個字，不同用法之間有
時差異很大，而且很顯然，他不曾設法把那些用法統一起來。
他這麼自由地使用這一辭彙，我們不必大驚小怪的，因為這種
自由完全符合他在第二篇〈齊物論〉中所表述的語言哲學，而
他整部作品也正是這一哲學震聾發聵的體現。不過更準確地
說，如此自由地使用這個字，在他那個時代還是件很自然的
事，「道」還不曾取得後來的那種權威性。不過，莊子為了表
達他的思想還是賦予了某一些辭彙專門的意義。我們下面將看
到一些例子。

　　爲了便於讀者在這四講當中理解我的意思，講座一開始，我就說明了自己是如何解讀和翻譯《莊子》的。我所主張的「考據」工作，不只是要釐定文本，也要分析出它的意思。而它就是這樣一種批判性的考據，是因爲它對前人的解讀要一律採取懷疑的態度，尤其是在這些解讀已經變成了通行解讀的時候。它的目的，是要在層層解讀的沈澱下面，找回作者在書寫文本之初賦予文本的完整的意涵。這種批判的考據學未必總能達到目標。它遇到一些不可克服的困難之時，也會承認自己的無能爲力。它還會不斷地對自己的前提設想提出疑問。這種試圖找回文本原初意涵的批判工作，會很長的，也會很複雜的，但最終還是能得到報償的。由此得出的譯本將能夠顯示，當文本恢復它的青春之時，就能圓滿表達出它所要表達的全部內容[22]。

　　我們這樣去研究《莊子》，同時打開了兩個工作場域：其一是文本，要字斟句酌地重新讀解；其二是根據《莊子》的啓發，根據它給我們提供的一些嶄新的觀點去重新闡釋我們自己的經驗。

　　這種探索，我是從一些相對容易的文本開始的，它們所描寫的，是我們的經驗中比較容易揭示的一些方面：學習過程的不同階段、動作的不可傳授性、經過刻苦鍛鍊達成的行動之自然，等等。下面，我準備介紹一些更爲驚人的文本。這些文本

---

22　筆者在〈莊子的維難〉一文中曾以〈養生主〉「澤雉」一段爲例，作爲詮釋與翻譯的全部過程的範例。該文收入《莊子研究》。

所描述的，是我們在我們的經驗當中通常不太注意的幾個方面。

# 第二講　天人[1]

　　《莊子》至少有一部分乃是哲人的作品，即說其作者必定是獨立思考的，檢視自己經驗，但同時也思索他人思想的，並且運用語言特別謹慎的一個人。必須從一開始就認定這一前提，因為我們對莊子其人幾乎一無所知，手裡只有他的文本。如果不在其中去追尋他的哲學思想，便永遠找不到。

　　維根斯坦認為終極的哲學行動是描述而不是解釋，尤其是描述我們基本的經驗，也就是我稱之為「無限親近」與「幾乎當下」。他的描述讀起來比較艱難，是因為遭逢了言語上的障礙。描述亦是現象學的核心，可是現象學家們那些冗長的文字卻很少能讓我們感覺觸及到了事物本身。莊子很不一樣，他的表達方式簡約自如，隨性起止。他常常顯得極富思辨性，大膽到幾乎魯莽，而且欣然任由自己奇幻的想像肆意跌宕。我既然宣稱他的作品在根本上乃是一種對經驗的描述，甚至是對共通經驗的描述，那麼對這一論點，我理當作出論證。此前提出的幾則簡短的分析還很不夠，必須進一步加以論證。

---

1　法文原題 "les régimes de l'activité"（活動的不同機制）。

庖丁、輪扁和游水男子，都是活動中的人。文本裡對他們的活動有很形象的描述。三者都是停下活動以後再談論他們剛剛停止的活動。三者都描述了他們活動中隨其技藝的昇華而經歷的先後變化。他們的活動與現象學家們所描述的一些經驗有明顯的差別。現象學家一般描述的主要是感覺或是知覺，有時則是記憶或思維的片刻。一個現象學家則是坐在那裡，沈思自己在看眼前的桌子、稿紙、敞開的窗戶、對面的房牆時，究竟是怎麼看——或是閉上眼睛以後該怎樣回想這一切。他試圖描述的現象屬於自我與自身的一種清醒的、持續的、「靜」的關係。在《莊子》的三則對話裡，涉及的卻是一種「動」的而不是「靜」的活動，要想談論它得先中斷它。而所談的則是這一活動的變化，以及相應產生的，與其說是「有意識」與「無意識」，不如說是「有意」與「無意」之間關係的變化。

為了更好地把握這些現象的特徵，我準備使用動能「機制」這一概念，上文已經介紹了，是借用引擎機不同轉速所產生的不同功率來比喻我們主體的不同的活動方式。這樣我便可以說，在我們已經分析過以及即將分析的段落當中，莊子的心思所在主要是「機制轉換」。

這種機制轉換，其實我們很熟悉，都不斷地在實踐它，只是我們不大觀察它，而且從來沒有把它變成一種認真思考的對象，因為在我們心目中，它好像還不夠格。這一偏見跟我們思維的一種傾向有關，即向來特別重視上面所提到的那種「自我與自身的清醒的、連續的、『靜』的關係」，尤其是哲學家更

是如此。格拉克[2]在他的《邊讀邊寫》[3]當中曾寫道：「幾乎所有西方的思想家、詩人都偏好那些會讓人聯想到『清醒』的，也就是說，偏好精神與世界分離的意念和比喻，而同時又幾乎都一貫地忽略了那些關於（……）入睡、融合的意像。而且在這一『清醒』當中，一般是指已經清醒的狀態，而不是清醒的過程。西方科學以及文學，很少注意到意識的真正的生成與消滅的過渡。」格拉克看得很準，然而他使用的辭彙卻仍然束縛於他所批評的那種狹隘的視野：他談到意識的「生成」與「消滅」，彷彿意識只能夠全部地出現或消失，而不能起別的各種變化。當然，格拉克不會不知道蒙田[4]詳細講述過的落馬之後，瀕於死亡又緩緩復生的經歷[5]。他也不會忘記普魯斯特[6]的《追憶似水年華》是以入睡開篇，而整部小說的高潮則是在一個對外界的感覺與對過去的記憶發生融合的奇特時刻之中[7]。可這都只是些例外，無損於規律。從整體上說，格拉克是對的。從西方的傳統哲學觀點來講，莊子關心的那些機制的轉換，是可以忽視的。在莊子看來，它們反而至關重要。

---

2　Julien Gracq(1910-2007)，法國小說家、文學批評家。

3　*En lisant, en écrivant*，見其*Œuvres*(《文集》)(Encyclopédie de la Pléiade, 2 vols, 1989, 1995)，vol. 2, p. 621.

4　Michel de Montaigne(1533-1592)，法國作家，《隨筆集》(*Les Essais*)是他一生的大作，對法國及歐洲思想史有深遠影響。

5　見於《隨筆集》2/6。

6　Marcel Proust(1871-1922)，法國小說家，長篇小說《追憶似水年華》為其經典巨著。

7　*A la recherche du temps perdu*(《追憶似水年華》)(Bibliothèque de la Pléiade, Paris, 4 vols., 1987-1989), vol. 4, pp. 445-446.

讓我從一個特殊的機制開始：酒醉狀態。下面這段便是關於這一狀態的：

> 酒醉的人從車上墜下，車縱使開得很快，他也不會摔死。他骨胳和關節與別人一樣，卻沒有受傷，這是由於他自發的活動能力是完整的。他乘車也不知道，從車上墜下也不知道。死、生、驚、懼都進不了他的胸中，所以碰觸到任何東西都不會感到恐懼。假如說通過酒都能夠這樣保持完整，那更何況通過天！[8]

我不敢保證經驗事實會確如莊子所說的那樣，所以在此只是說明他的思路。對他來說，酒醉乃是一個非意識的活動形式，而人可以藉此有「完整」的行動而得以保全。文本在此使用了「全」這個字的雙重意義，一是完全、完整，二是安全。酒醉的人能夠完好無損是因為「其神全也」，他「自發的活動能力是完整的」。我把「神」這個字譯做「自發的活動能力」（force agissante）[9]，在前面庖丁解牛的故事中，我是把它譯做「精神」（esprit）。這裡最有意思的是最後一句話：「假如說通過酒都能夠這樣保持完整，那更何況通過天！」[10]

---

8　〈達生〉（19/b/12-14）。所引原文如下：
　「夫醉者之墜車，雖疾不死。骨節與人同而犯害與人異，其神全也。乘亦不知也，墜亦不知也，死生驚懼不入乎其胸中，是故遌物而不慴。彼得全於酒而猶若是，而況得全於天乎？」

9　Force agissante，即「能夠自己主動行動的一種力量」。

10　有位職業舞蹈家來信說，莊子的敘述在她看來是很合理的。舞蹈家只要

　　在此我們第一次遇上「天」這個字眼，莊子使用「天」的頻率遠遠超過「道」，而「天」對他來說有一種更核心的意義，可以說「天」乃是他思想核心上的一個概念。在我看來，他是從他自己思想深處萃取出這一概念的，而這一概念指的是活動的一種機制。在「天」這一機制當中，活動自然是高效的。按照游水男子教過我們的說法，它是合乎「性」與「命」的，即是「自然」且「必然」的；而且是「完全」或「完整」的，因爲這種活動是在我們所有官能與潛力共同整合之下產生的；這些官能與潛力包括了我們自己意識到和沒有意識到的所有一切。屬於這一機制的各種活動，對於莊子來說，一直是驚奇與沉思的源泉。

　　斯賓諾莎對這種活動機制也有類似的興趣[11]。在《倫理學》中最重要的一則附釋裡，他曾批評笛卡兒[12]所謂的自由意志只是一種幻想，進而相應地提出了與此相對的，支配我們一切活動的必然性：「還沒有人確切了解身體的玄機，能夠說明身體的所有功能。更枉論那些動物身上可以觀察到的許多遠遠超出人智的舉動，還有那些夢遊者在睡夢之中做出的那許多他們清醒時所不敢做的事情了。所有這一切足以表明，身體單憑它自身的規律，即能做出許多令自己的心靈必然感到驚訝的事

---

（續）

　　害怕摔倒，就在摔倒的時候很容易受傷，而當他們不再害怕的時候，像那個醉漢一樣，他們就幾乎不會再受傷了。

11　Baruch Spinoza(1632-1677)，荷蘭猶太人，歐洲現代大哲學家之一。

12　見本講注19。

情來。」[13] 在此，斯賓諾莎與莊子形成了交會，而這並不是偶然的。他們二者的思想之間，有一種深刻的共鳴。

讓我們再回到「天」這個概念上。要理解莊子的這一概念，必須把它跟他筆下與之對應的另一個概念放在一起，這就是「人」。下面這一段當中，這兩個概念就被比照起來做了定義。這段話在第十七篇〈秋水〉開篇，河伯與北海若對話的結尾部分：

> 河伯問：「什麼叫做天？什麼叫做人？」
>
> 北海若回答說：「牛馬有四條腿：這就是我所謂的天。給馬頭絡上轡頭，給牛穿上鼻繮，這就是我所謂的人。」[14]

如果我們把這個定義孤立起來看，我們可能會把「天」和「人」譯做「天然的」和「人為的」，於是以為，這組對立概念是指涉另一組更普遍的對立概念，即是「自然」nature與「文化」culture[15]。可是文章的上下脈絡表明，這裡所指的乃是活動的不同機制。請看下文：

---

13　《倫理學》第三部分第二命題附釋。

14　〈秋水〉(17/a/51-52)。所引原文如下：

「(河伯)曰：『何謂天？何謂人？』北海若曰：『牛馬四足，是謂天；落馬首，穿牛鼻，是謂人。故曰，無以人滅天，無以故滅命。』」

15　Nature和culture是西文中一組對立的概念，源於拉丁語，原義是「自然生長的」和「通過耕耘培養出來的」，屬於西方思想的基本範疇。

牛馬有四條腿：這就是我所謂的天。給馬頭絡上轡頭，給牛穿上鼻繮，這就是我所謂的人。所以我說，不要因爲人而破壞你身上的天，不要因爲意向(故)而破壞必然(命)。[16]

這裡我們看到的是游水男子在回答孔子問話時所用過的同一些辭彙，但是其中的第一個概念的涵義與前面有所不同。在游水男子的回答當中，「故」的意思是「原來就在的」、「本然存在的」、「本然」。在這裡，「故」的含義是它常見的另一個意思，它指的是先於行動的意念，即「意向」或「決心」。所以，我把「無以故滅命」譯做「不要因爲意向而破壞必然」。最後一句話的排比結構說明「人」是指「故意」的活動方式，而「天」則是指「必然」的活動方式。這樣，我們面對的便是跟剛才一樣的兩種活動機制，而附加其上的也是跟先前一致的價值判斷：「人」是指故意的、有意識的活動，要低一級；而「天」是指必然的、自發的活動，在某種意義上也是非意識的，要高一級。

然而，試圖去除我們有意識的意向活動卻是徒勞無益的。要緊的是在意識活動與必然活動之間建立起一種恰當的關係。北海若說，「無以故滅命」，意謂不要讓你有意識的活動妨礙你切入那些更渾整的，源於更深層潛力的活動形式。在河伯提的問題之前有一小段話，是北海若講的：

---

16　同註14。

　　天在內，人在外。你行動的能力在於〔你身上所有
　　的〕天的東西。你要知道什麼是天的行動，什麼是人
　　的行動，而要靠天去把握行動的能力。這樣無論你是
　　進還是出，屈或是伸，你的行動都將是恰當的，而你
　　的話語也將是完美的。[17]

　　完美的，即是說自發的、必然的、有效的。很明顯，
「人」、意向性、有意識，在此都被看作是我們錯誤與失敗的
根源，而構成救贖之道的乃是別的能力、別的潛能、別的力
量。關鍵在於，要能夠讓這些不同的力量彼此結合，自由互
動。換句話說，精神是我們的錯誤與失敗的原因；而身體，這
裡不是說那種解剖意義上的或是客體意義上的身體，而是說一
切支撐著我們的活動，為我們察知或覺察不到的能力、潛能與
力量的總和，──這樣定義下的身體，才是我們真正的宗師。
　　在蒙田筆下也有過一種類似的觀點。羅塞[18]曾寫到：「蒙
田的一大獨到之處是，並非指出了大家都在批判的人類精神的
紊亂，而是將這一紊亂的根源放到了一個無人料及的所在：就
在精神的運作當中，就在精神試圖擺脫身體給它的指示與忠
告。絕大部分的哲學家，像笛卡兒[19]、馬勒布朗什[20]（……），

---

17 〈秋水〉（17/a/50-51）。所引原文如下：
　　「天在內，人在外，德在乎天。知天人之行，本乎天，位乎得；蹢躅而
　　屈伸，反要而語極。」
18 Clément Rosset（1939- ），法國哲學家。
19 René Descartes（1596-1650），法國大哲學家，二元論者，對後世歐洲思想
　　有深遠影響。

說的都與此相反，而且他們不停提醒我們：要想保持精神的健康，最佳的辦法是不斷去除身體惡劣的影響。是身體在誘導精神犯錯，比如感官的錯覺、想像的誤導、表象的欺騙，這乃是從柏拉圖[21] 一直延續到我們現在的經典論述(⋯⋯)。蒙田的論點與此截然相反：精神犯了錯誤的時候，那完全是因為他自己，因為它沒有聽從身體的引導。」[22]

就這一問題，蒙田的思考是可貴的，但他的視角與莊子不一樣。比如說，他指出動物不會走邪路，因為動物跟人不一樣，它們是把精神保持在一種「緊緊的圈子」裡[23]。可是當蒙田建議我們，為我們的錯誤尋找解藥的時候，應該到某種「蠢態」當中去找，當他建議我們「變蠢長智」[24] 時，他卻說服不了我們。按我們一般的思路，想要使我們變低，在萬物的階序上下降一格，來上升到更高的一層，無疑是自相矛盾的。在我們的頭腦當中有一個階序分明的圖式：在下面是動物，它們服從於本能；在上面是人，具有理性，而對於這一特長，他可以或好或差地加以使用；而在最上面，則是純粹理性、先驗的實在、神的領域等。

莊子似乎跟蒙田想得差不多，可是他頭腦當中的圖式是很不一樣的。他注意到的現象與蒙田類似，但是他卻以另一種秩

(續)─────────

20　Nicolas Malebranche(1638-1715)，法國哲學家，屬笛卡兒學派。

21　Platon(428?-348?)，古希臘哲學家，可謂西方哲學的開創者。

22　*Principes de sagesse et de folie*(《智與狂之原理》)(Gallimard, 1991), pp. 72-73.

23　《隨筆集》I/14。

24　同上，I/12。

序去排列，因此也就給了它們另外一種意義。在他的觀點當
中，只有兩個層次：「人」的和「天」的。人在下，是最下面
的一層，而動物則居於其上，在天的那一層。比如說，在《庚
桑楚》裡面，我們就可以看到這樣一句話：「唯蟲能蟲，唯蟲
能天。」[25] 即是說，只有動物能夠眞正地做動物，只有動物能
夠在天的層次上行動。不要忘了，這裡所討論的都是活動的各
種機制。意向性的、有意識的活動，是爲人獨有的，也是錯
誤、失敗、疲憊與死亡的根源。而渾全、必然且自發的活動，
被稱做「天」的活動，無論它出於一個動物或是一個已經達到
高境界的人，卻是效力、生命與更新的源泉。在下文當中，我
們會看到動物的高級活動與一個技藝精熟之人的活動，有什麼
差異。

不過，先回到對不同機制的描述和它們之間的相互關係，
以及從一種機制向另一種機制的過渡上來。落入低級機制的狀
況，在莊子書中有許多段落都有論及。低級活動令人疲憊不
堪。莊子有一則與當時有名的外交官、思想家惠施的對話，是
莊子想像(或是敘述)的，對話的結尾有一番話斥責惠施：

> 你馳散你的精神，勞費你的精力，倚靠在扶手上呻
> 吟，最後乾脆就伏在几案上睡著了，大自然給你的身
> 體，你卻把它耗費在堅白的論爭上。[26]

---

25　《庚桑楚》(23/i/73)。
26　〈德充符〉(5/f/59-60)。所引原文如下：
　　「今子外乎子之神，勞乎子之精，倚樹而吟，據槁梧而瞑。天選子之

　　「堅白」是一個專門術語，在當時的邏輯學家們當中頗多
爭議，指的是感性質性在同一客體上交融共存的問題[27]。在
〈秋水〉的一段對話當中，還有另一個西元前3世紀的邏輯學
家公孫龍，向一位隱士表示自己的疑惑。他說，有人跟他講起
莊子說的一些話，讓他有些疑問，不知莊子的思想是不是比他
自己的要深刻而且寬廣許多，而他自己的研究是不是到頭來會
毫無意義。他希望對方能安慰他，結果適得其反。那位隱士在
談話的最後，直截了當地跟他說：

> 　「看你，腦子本來就很混亂，還想挑剔莊子這個問
> 題、那個問題(……)你沒聽說過壽陵有一個年輕農人
> 嗎？他想要去邯鄲學習那邊人優雅的走路方式，結果
> 非但沒有學會，而且連自己以前怎麼走路也都忘了，
> 最後只好爬著回家。你還是快走吧！不然，連你的那
> 一點技能都丟了，你怎麼去謀生？」公孫龍嘴張得合
> 不起來，舌頂著上顎放不下來，心神恍惚地逃走
> 了。[28]

（續）————————————

　　　形，子以堅白鳴！」

27　關於此等邏輯問題以及惠施其人，請參閱A.C. Graham（葛瑞漢），
　　*Disputers of the Tao. Philosophical Argument in Ancient China*（《論道
　　者》）(Open Court, La Salle, Illinois, 1989), pp. 75-95。又見Anne Cheng（程
　　艾藍），*Histoire de la pensée chinoise*（《中國思想史》）(Seuil, 1997), pp.
　　132-147.

28　〈秋水〉(17/d/75-81)。所引原文如下：
　　　「『且夫知不知是非之竟，而猶欲觀於莊子之言……且子獨不聞夫壽陵
　　餘子之學於邯鄲與？未得國能，又失其故行矣，直匍匐而歸耳。今子不

現在我們再來看另一種不那麼調笑式的，而且更有意義的一種過渡，即是由「人」的機制向「天」的機制上升。在庖丁解牛的學習過程當中，其實就已經有一個例子。庖丁是不得不在「人」的層面上學習的。開始的時候，他對文惠君說，「吾所見無非全牛」，牛是以其整個龐大的身軀橫亙於他面前的。他必須拿出充分的意志與頑強，才能夠做好解牛的工作。「三年之後」，他又說，「未嘗見全牛也」。他已經更靈活了，但還是會碰到一些困難。之後，就出現了低級機制向高級機制的過渡。「方今之時」，庖丁說，「臣以神遇，而不以目視，官知止而神欲行」。他是這樣從內部來概括他自己的活動的。而這一活動在外部所產生的效果，則是開篇那段文字所描繪的：「他手觸牛體，或是用肩膀頂住牛軀，或是雙腿立地用膝蓋抵住牛身，都只聽嘩嘩的聲響。他有節奏地揮動牛刀，只聽陣陣霍然的聲音，彷彿是在跳著那古老的『桑林舞』或是在鼓奏那『經首曲』。」他的行動已經達到了高超的效能，但是，是否已經變得像游水男子所說的那樣，合乎「必然」（命）了呢？是否已經完全不再由他的意識，而萬無一失地由別的力量所左右呢？還不完全是，因為「在碰到一個骨節的時候」，庖丁說，「我都會找準其難點，眼神專注，小心謹慎，非常緩慢地動刀」。在某一些時刻，他還是要繼續用心控制自己的行動的，還沒有完全進入了「天」的機制當中。

（續）————————————

去，將忘子之故，失子之業。』公孫龍口呿而不合，舌舉而不下，乃逸而走。」

對本段對話完整的翻譯與分析，請參閱《莊子研究》第一章，頁11-16。

　　莊子特別關注這種向高級機制的過渡，因為在這一轉折的時刻，原來有意識地控制並調節活動的意識，忽然被一種渾整許多的「事物之運作」取代，而這一運作則解除了意識一大部分的負累，使人不再使勁費力。這時我們所有的官能與潛力，無論是已知的還是未知的，都一同組合起來，往我們期待的方向行動了，而其共同協作現在已具備了必然的特徵。這一轉變乃是一切學習過程最終的目標，或至少是根本性的環節。而我們對此都有所體驗。筆者還記得自己學會騎自行車的那一天。在那以前，我費盡心力要學會怎樣交替地踩動車踏，通過調節車把的方向來保持平衡，並且盡可能地沿著直線方向前進。屆時，我也不知道是怎麼一回事，一切就自然起來了。這樣的轉折，在我們的各種活動當中，從最簡單的到最複雜的，都會發生。想一想，那些解讀起來非常困難的樂譜，忽然之間變成了音樂。想一想，一個人跟我們說話，把自己關進了一個越來越複雜的謊言系統當中，突然不意之間說出了實話，結果出乎他自己的意料，也出乎我們的意料之外，把自己心力的真情全部暴露出來了。

　　在所有這些情況，都是我們先前並不了解的官能和潛力發生了作用。要過智人的生活，以莊子的看法，就是要在適當的時候能夠讓這些力量自由地行動。所以〈則陽〉篇有下面這段精妙的說法：

　　　　人往往對他們知識所認識的東西很在意，卻不知道靠
　　　　自己的知識所不認識的東西去認識。這難道不是一個

極大的錯誤嗎？[29]

這句話看上去頗爲晦澀，但很準確地描繪了我們這方面的經驗。〈庚桑楚〉裡有個孤立的段落，表述得更爲明確：

> 我所謂的學，是學不能學的東西。我所謂的行動，是去完成不能〔刻意地〕完成的事。我所謂的辨析，是辨析不能〔有意地〕辨析的東西。高明的知乃是停止在自己所不能知的東西之前的知。而達不到這一點的人，天鈞會使他們落敗。[30]

有時莊子也會論及不是由低級機制向高級機制的過渡，而是兩種機制同時運作：

> 知道天的行動是什麼，〔同時〕知道人的行動是什麼：這便是最高的層次。知道天的行動是什麼，就能以天的方式去生活，知道人的行動〔究竟〕是什麼，就會以意識無法把握的去滋養意識所把握的東西。[31]

29 〈則陽〉（25/h/52-53）。所引原文如下：
「人皆尊其知之所知，而莫知恃其知之所不知而後知，可不謂大疑乎！」
30 〈庚桑楚〉（23/c/44-45）。所引原文如下：
「學者，學其所不能學也；行者，行其所不能行也；辯者，辯其所不能辯也。知止乎其所不能知，至矣；若有不即是者，天鈞敗之。」
31 〈大宗師〉（6/a/1-2）。所引原文如下：
「知天之所爲，知人之所爲者，至矣！知天之所爲者，天而生也；知人

其實，這就是一個藝術家，比如說一位音樂家所做的事，他是用自己已經掌握的技巧去呈現他自己並不能眞正掌握的靈感或是情緒。這也是我們每一個人，在某些時刻，突然發現特別有靈感的時候所發生的事。

在《莊子》當中，就這一主題而言，最美的文本應該是下面這一段話。它不僅精煉無比而且還透徹之至。我們可以大致先把它翻譯成這樣：

> 莊子說：「認識道很容易，而不談論它卻很難。認識它而不談論它，這乃是與『天』相通的方法。認識它而談論它，這乃是與『人』相通的方法。上古的人都止於『天』而已。」[32]

莊子在描述從低級機制向高級機制過渡的時候，有好幾處都使用到了「忘」這個字。下面便是一個很典型的例子：

> 顏淵有一天這樣問孔子：「有一次，我要在觴深那個地方渡河。擺渡的人操舟如神。我問他是不是可以學

之所爲者，以其知之所知，以養其知之所不知。」最後二小句，按字面應該譯作：「以意識所把握的去滋養其意識所不能把握的。」筆者試圖使之與第一句的意思及下文能夠配合，故把後一小句「以養其知之所不知」改成「以養其知之所知」。

32　〈列禦寇〉（32/c/17-18）。所引原文如下：
　　「莊子曰：『知道易，勿言難。知而不言，所以之天也；知而言之，所以之人也；古之人，天而不人。』」

習〔像他那樣〕操舟。他回答說：可以，會游泳的人很快就可以學會，而會潛水的人，即使他從來沒有看見過船，也馬上就會了。我想再請教他，可他卻再不肯多說一句話了。請問您這究竟是怎麼一會事呢？」

孔子說：「會游泳的人很快就能學會，因為他忘了水。（……）」33

他忘了水，因為他了解水。他是成為了一個很會游水的人之後就把水忘了的。遺忘是熟練的結果。當深層的力量已開始起主導作用的時候，這種遺忘才會發生，意識才會放棄它的主管的角色而忘記自己。下面這段有名的對話，開頭也是這樣（對於全篇，我後面還會詳細分析）：

顏回說：「我進步了。」

孔子說：「怎麼進步呢？」

顏回說：「我忘掉仁義了。」

孔子說：「很好，但是還不夠。」

後來一天，顏回又見孔子，說：「我進步了。」

孔子說：「怎麼進步呢？」

---

33　〈達生〉(19/d/22-24)。所引原文如下：

「顏淵問仲尼曰：『吾嘗濟乎觴深之淵，津人操舟若神。吾問焉，曰：操舟可學邪？曰：可。善遊者數能。若乃夫沒人，則未嘗見舟而便操之也。吾問焉而不吾告，敢問何謂也？』仲尼曰：『善遊者數能，忘水也。（……）』」

顏回說：「我忘掉禮樂了。」

孔子說：「很好，但是還不夠。」[34]

「忘」這一主題，在莊子下面這一聲歎息當中表達得最爲深刻：

啊！如何才能認識一位忘記了語言的人，好能跟他談論！[35]

在繼續分析莊子邀請我們去探索的活動機制之前，再說一段題外話。在庖丁、輪扁和游水男子這幾則對話當中，莊子所談論的還是經驗當中比較容易指出來的幾個方面。而我現在介紹的文本當中，他則請我們注意一些比較難以觀察到的現象。這種由活動的一個機制向另一個機制的過渡確實難以捉摸，因爲意識在這種過渡之中消失了，無法成爲它自己消失過程的見證人。這一困難，跟我們入睡時一樣：我們無法見證自己是如何沉入夢鄉的。至於意識並不曾消失而只是發生變化的過渡當中，也有斷裂。意識同樣也是一位劣等的證人，一個健忘的觀眾，以至於西方哲學家一般都不考慮這些機制的轉換，乾脆把

34 〈大宗師〉(6/h/89-91)。所引原文如下：
「顏回曰：『回益矣。』仲尼曰：『何謂也？』曰：『回忘仁義矣。』曰：『可矣，猶未也。』它日，復見，曰：『回益矣。』曰：『何謂也？』曰：『回忘禮樂矣！』曰：『可矣，猶未也。』」
35 〈外物〉(26/k/49)。所引原文如下：
「吾安得夫忘言之人而與之言哉！」

這些變化放到思維範圍之外。對他們來說，意識只能是以一種連續而穩定的光明來照亮的空間。莊子是另一種類型的哲學家。他這樣關注活動機制的變化，關注意識的不連續性以及隨之而來的諸種悖論，乃是在探求一種我們可以稱之為「主體性的基礎物理學」的學問。而要讀懂莊子，則必須意識到這一點。

在這一點上，我們可以把他與西方哪些作家作比較呢？下文當中，我將提出幾個比較的可能。這裡先說一個。我想到的是克萊斯特[36] 筆下兩段精彩的文字，兩段以短篇小說的形式寫成的論文：〈論木偶戲〉和〈我們如何邊說邊想〉[37]。

〈論木偶戲〉的起點是一件舊事。敘述者說，有一次，在跟一位「優雅無比」的年輕人一同沐浴的時候，他看見那個年輕人把腳放在一張凳子上的姿勢，跟古代一尊有名的雕塑「帶刺的兒童」完全一樣，於是就告訴了他。那位年輕人朝鏡子裡瞄了一眼，看有多像，然後試圖再重新擺出那個姿勢，結果卻做不到。無意識的純真、自然的優雅消失了。敘述者看著這個年輕人從「天」的機制掉進了「人」的機制裡，這讓他想到了很多事。他記起別人曾經告訴他的一件事，一個立陶宛富人家裡發生的一位劍師與一頭經過專門訓練的熊之間的爭鬥。那位劍師竟然無法擊敗那頭動物，因為他無法以任何虛晃的招數來騙熊，熊每次都是以一種最省力的方式來回應他，使他根本無

---

36　Heinrich von Kleist(1777-1811)，德國浪漫主義作家。

37　"Über das Marionettentheater," "Über die allmähliche Verfertigung der Gedanken beim Reden."

法接應。克萊斯特的結論是很悲觀的：人一旦失去了自己身上的自然本性，便無法重新把它找回來。一位與他一同看了一場木偶戲的舞者，也是這麼說的：「木偶若是操動得法，會跳得比最完美的舞者還要好，因為木偶只會依從物理的法則，而不會像舞者那樣不可避免地加入造作的因素。」按莊子的說法，那些木偶和那頭熊都是憑「天」而動。

　　我不知道在克萊斯特這一悲觀的結論和他隨後不久的自殺之間是否有何種聯繫，我只是看到，他在《我們如何邊說邊想》中，曾非常生動地描繪過一個從低級活動向高級活動的轉變。他說，當你在想一個問題，又找不到答案的時候，可以先跟別人談一談。而單就跟他人談論這一點就會使你置身於一種遠為複雜、緊張且渾整許多的機制當中，而答案很有可能自然就出現了。克萊斯特雖然觀察得很準，卻似乎沒有在這一現象和此前在木偶戲當中所提到的現象之間建立任何聯繫。若是莊子，肯定馬上就能夠看出這種關聯。

　　在德國前一代的作家當中也有一個人，列世敦貝格[38]，這位敏銳的思想家，有過跟我們所提的這些主題相近的思考。他在《塗寫手冊》當中寫道：「我們身體構造給我們提供的各種各樣的認識方式，從最不可理喻的預感到最有保障的確信，多到讓我總是驚訝無比。分析它們乃是我最熱衷的活動。譬如說，幾乎每一種思維之前都有一種直覺的把握，只要有足夠的聰明，這一把握很少出錯，而理性則可以說不過是在事後加以

---

38　Georg Christoph Lichtenberg(1742-1799)，德國啟蒙時代學者，作家。

認可而已。我想，動物便是聽從這樣的直覺在行動。」[39] 他還寫道：「有一些事情，我們不停地在不知不覺中去做，而且做得越來越好。到最後，人或許可以不知不覺地去做任何事情，眞正變成一種思考的『動物』。」[40] 在《塗寫手冊》的另一段當中，他還指出：「人可以獲取新的能力，在任何領域內成爲一個動物。上帝創造動物，人創造自己。」[41]

在當時的德國，似乎對這類思考有一種特殊的敏感。找出其原因來可能會很有趣。或許我們得去追問自路德[42]，甚至是更遠的時間以來，德國思想當中某種基本特徵。在路德看來，一個人的善行只要還是有意的行爲，那個人的靈魂就得不到解救。救贖來自信仰，而「信」是向另一種機制的過渡。當「信」出現了，善的行爲便自然出現，而且完全無私[43]。我提出這一對比是想順便指出莊子雖是看上去那般輕靈，卻觸及到了神學當中某些核心問題。正因爲他的視野不一樣，表達方式也不一樣，所以對我們來說很有價值。他這一視野，也許能夠以神學無法達到的一種清晰，讓我們看到這些神學問題的根本，純粹是人的問題，而且是暗藏在一切文化之中的問題。人是一個自然的存在，卻必須對自己施加暴力，才能夠把自己社

---

39  *Sudelbücher*(Carl Hanser, Munich, 2 vols, 1968-1971), vol. 2, p. 407.

40  Vol. 1, p. 518.

41  Vol. 1, p. 573.

42  Martin Luther(1483-1546)，德國神學家，宗教改革運動發起人。

43  參閱馬丁・路德*Von der Freiheit eines Christenmenschen*(《論基督信徒的自由》，1520), *Vorrede auf das Neue Testament*(《新約序》，1522), *Vorrede auf das Alte Testament*(《舊約序》，1523)。

會化，而等他做到了，又很難再將他自身身上運作的自然的各種力量整合在一起。他的主體性對他自己來說也是一個謎。

我再回到莊子思想。我說過，從低級機制向高級機制的過渡當中，意識會消失，或是部分地消失，或是改變功能，或是發生變化。我這樣表述，是試圖儘量考慮到現實當中出現的多種情況。大部分情況下，意識必定是以某種方式在這種機制的轉換中繼續存在，我們才能從內部認識這些高級活動的形式，才能對之加以敘述。否則，像庖丁他們怎麼能夠如此精準地向我們談論他們探索過的「事物之運作」呢？

在此，我們觸及到了一個新的經驗層面。我們把這一層面考慮進來，才能深入地理解莊子的思想。在庖丁解牛的學習過程的三個階段之後，必須加上一個第四階段。當我們將一個動作或一系列的動作完全整合起來以後，在執行過程中，我們對之只是施以很有限的控制，基本上只是監督而已。意識將行動的責任交給身體以後，便脫身出來，有些像是居於其上了。這樣，我所謂的身體便能夠完成許多的活動，而其中一些甚至包含了極端複雜的精神操作，譬如說像言語的活動。當意識這樣信任身體，它自己便獲得了一種自由，可以轉向別處，而行動卻不會因此中斷。我們可以一邊做一件事，一邊想另一件事，也可以發夢。但在這些時刻，意識也可以回頭來顧盼正在進行的、由身體執行的活動，可以觀察它。

剛才我回憶起自己學會騎自行車的那一天。一種起初認為是不可能做到的行動突然之間自然起來了。我剛才說，我自己也不知道這一躍變是怎麼發生的。但是，到後來，我成了一個

很有經驗的騎車人以後，卻常常觀察過這一騎車的活動究竟是
怎麼進行的，我也是研究「事物之運作」。對於我自己的動
作，逐漸培養了一種越來越精微、越來越準確而完整的感知。
毋庸置疑，這也是一種認識，但它很少引起過哲學家的注意。
可以說，在這些時候，意識一方面對身體的活動很了解，主要
是通過機體知覺與運動知覺，但同時又與之保持一定的距離，
處於一種旁觀者的位置。意識在觀看著一種不依靠它來執行，
而且是以必然的方式在進行的活動。我認爲莊子在使用「遊」
這個動詞時，便是在指涉經驗的這一向度。這個概念出現在
《莊子》首篇的標題〈逍遙遊〉中，而在全書中有特別的重要
性。它一般被翻譯成se promener(散步)、se ballader(漫步)、
évoluer librement(旋來旋去)，但是它也有「游水」的意思，
而這個「遊」指的是聽任自己被水的激流與漩渦帶動，而在其
中又能感到自在，從而能同時對其中發生的一切有所感知。在
《莊子》一書中，「遊」與對活動的靜觀體認相關聯。

　　人們常常提到莊子的思想裡可能有薩滿文化的影響，說
「遊」這個動詞應該是指薩滿進入「出神」狀態以後的神遊。
我並不排除這一聯繫的可能，但我堅信莊子賦予了這一辭彙一
種哲學的意涵。而在這一意義上，「遊」指的是一種活動的機
制。意識在這一機制中由於脫離了一切外在的任務，只是觀看
我們自身內部所發生的活動。對於這種特殊的機制，我們可以
在意或不在意，可以去發揮或不去發揮，但是我們每個人都有
這類的體會。這一機制沒有目的，但會很有用。它有一種哲學
的意義，因爲其中即有對必然的認識，也有一種由此產生的，

由對必然的靜觀所產生的第二性的自由。這種活動機制是莊子
思想的一個核心內容，也是斯賓諾莎思想的一個核心內容——
但首先是莊子的一個重要的親身經驗。正因為如此，他才是一
位具有特殊洞察力的思想家。最吸引他的，就是要對自身活動
採取這種第二性態度，成為他自身活動的驚奇的旁觀者。他給
我們看的各種景象就是從這裡來的[44]。

　　讓我們以〈秋水〉篇的一則對話為例，在此我只引用對話
開頭的一段。在這段話中，我們可以同時看到必然性(那種當
身體活動獨立於意識之外時，主宰身體活動的必然性)與對這
一必然性的靜觀：

> 獨腳獸羨慕多足蟲，多足蟲羨慕蛇，蛇羨慕風，風羨
> 慕眼睛，眼睛羨慕心。
> 獨腳獸對多足蟲說：「我用一隻腳一跳一跳地前進已
> 經很難了，你怎麼能開動那麼多的腳呢？」
> 多足蟲回答說：「一點都不難！你沒見過一個人吐口
> 沫嗎？他一噴，出來那大的像珠子，小的像濛濛細
> 物，混雜著落下來，數也數不清。其實我呢，我也只
> 是任由我身上的天機自動，而根本不知道它是怎麼運

---

44　關於「景象」，請參閱《莊子研究》第四章。筆者在此所用的法語vision
　　一詞，在不同語境中有不同的意思：一，指視覺；二，指一個人怎麼看
　　事物、看問題；三，指眼前的景象；四，指幻覺、幻象；也可以特指主
　　體對現實，包括對隱蔽的現實的一種綜合的、看到本質的直觀、洞觀、
　　靜觀。在此，「景象」使用的是最後這一層意義。

作。」

蚿對蛇說：「我有好多腳，可走起來還不如你沒有腳
那麼快，這是怎麼回事？」

蛇回答說：「那只是我天機自動而已。我無法改變它
的運作，也不需要什麼腳呢。（……）」[45]

　　我已觸及的好幾個主題，本來應該進一步去探索，但是我
現在的主要目的，是要把這些主題聚集起來，去理解下面一則
更長的對話。這則對話，乍看起來，更爲令人錯愕。所有我們
此前討論過的主題，都在其中，以一種微妙的方式組合了起
來。我想讀者現在已經有了足夠的準備，可以去探求這則對話
曲折精微的進展，充分理解其意義了。

　　這則對話是〈知北遊〉裡一則很長的對話的一部分，其中
共有四個人物：泰清、無窮、無爲和無始。泰清向無窮提出一
個問題，然後又向無爲提出同樣的問題，之後再把自己與無爲
的對話告訴了無始，並與他討論；而最後，當泰清一個人的時
候，又從這一切當中，得出了一個結論。我的翻譯當然是可以
商榷的。這一次，我不再把「知」譯作percevoir（知覺），而是
connaître（了解）（「你了解道嗎？」）。這樣翻譯有一定損失，

---

45　〈秋水〉（17/b/53-56）。所引原文如下：
　　「夔憐蚿，蚿憐蛇，蛇憐風，風憐目，目憐心。夔謂蚿曰：『吾以一足趻
　　踔而行，予無如矣。今子之使萬足，獨奈何？』蚿曰：『不然。子不見夫
　　唾者乎？噴則大者如珠，小者如霧，雜而下者不可勝數也。今予動吾天
　　機，而不知其所以然。』蚿謂蛇曰：『吾以眾足行，而不及子之無足，何
　　也？』蛇曰：『夫天機之所動，何可易邪？吾安用足哉！』（……）」

但是目前我看不到別的選擇。我把「道」譯作la Voie[46]，但其意思還是「事物之運作」，指我們最高層次的，屬於「天」的活動機制。對話裡有兩個觀點互相對立。但對錯不能確定，因為吊詭的是，這兩個觀點都是正確的。一方面，高一層次的活動形式確實不能夠通過語言來解釋或是傳述。而這一活動形式確實在某種意義上是非意識的，行動者自己也無法認識它。要談論它，即使是為了說自己不了解它，也不得不停止這一活動形式，轉到另一個活動形式。另一方面，這一高級的活動形式又是可以認識的，因為把技藝推到一個極致，可以讓意識隨意地成為活動的觀察者，變成一個靜觀的意識。這時，意識感知達到統一，既包括身體內的活動，又在同一視角下，看到與身體互動的外界。這則對話，乍看起來奇幻無比，而實際上很形象地描述了我們最根本的一種經驗，離我所謂「無限親近」或「幾乎當下」的東西很近。這段對話是吊詭的，因為它忠實地呈現了一種內在於我們主體的吊詭：

（⋯⋯）於是泰清問無窮說：「你了解道嗎？」

無窮說：「我不了解。」

泰清又問無為同一個問題。無為回答說：「我了解。」

---

46　voie本義為「道路」，大寫形式Voie常用作中文「道」的翻譯；與英文譯寫為Way同理。關於這一中國古代思想核心概念的翻譯問題，可參閱後文及筆者在長文〈駁于連〉（見《中國圖書評論》2008年第1期，頁18-19）中所做的相關討論。

「那你了解道有一定的方法嗎？」

「有。」

「什麼方法呢？」

無爲解釋道：「我看到它可以貴、可以賤、可以約、可以散，我就是這樣了解它的。」

泰清把這些話說給了無始聽，又問他：「那樣的話，究竟誰對呢？誰錯呢？是無窮那樣不了解它？還是無爲那樣了解它？」

無始回答說：「不了解是深刻的，了解它就不夠深刻。不了解，是身在其中；了解了，是身在其外。」

泰清抬眼望天，歎息一聲：「不了解原來是了解，而了解卻是不了解！可是誰能了解這種不了解的了解呢？」

無始說：「道不可聽聞，你聽到的不是道。道不可眼見，你看到的不是道。道不可言說，言說的不是道。你〔不〕明白造化有形的東西本身是無形的嗎？道沒有任何相對應的名字。」

無始還說：「問一個人什麼是道，而他作出了回答，說明他不了解道，問他也是白問。〔因爲〕關於道，沒有任何問題可問，問也沒有任何答案。本來無可問的卻還強要去問，那問的也是似是而非的問題，而那個強要回答的人，是把自己放到了道之外。把自己放到道外，回答一些似是而非的問題的人，看不到在他四周的宇宙，而也不知道其內在的太初本源，因

此他不可能越過崑崙高處，也不可能遊於太虛的境
界！」[47]

在這最後一句話當中，莊子似乎是由描寫轉入了抒情的激
蕩，可事實並非如此。最後這一段，「過乎崑崙」、「遊於太
虛」，其實也是在描寫經驗中一些具體內容。在下面分析虛空
這一主題的時候，我會再詳細論述。

讓我們現在看一看我所引述的幾則對話的不同形式。我們
看得越來越清楚，一定要仔細研究了這一形式才可能抓住其內
容，而反過來，也只有理解了其內容才可能完全理解其形式。
這二者之間的和諧多半非常融洽。如此簡短而輕靈的文字所講
的，是到我們今天往往用一種抽象、繁瑣而笨重的語言在討論
的問題，這實在令人震驚。而當代哲學家那種系統謹慎的論述
會更加妥當嗎？能不能更加明確地表述這些現象呢？也許對那

---

47 〈知北遊〉（22/g/57-65）。所引原文如下：
「（……）於是泰清問乎無窮，曰：『子知道乎？』無窮曰：『吾不
知。』又問乎無為，無為曰：『吾知道。』曰：『子之知道，亦有數
乎？』曰：『有。』曰：『其數若何？』無為曰：『吾知道之可以貴、
可以賤、可以約、可以散，此吾所以知道之數也。』
泰清以之言也問乎無始，曰：『若是，則無窮之弗知與無為之知，孰是
而孰非乎？』無始曰：『不知深矣，知之淺矣；弗知內矣，知之外
矣。』於是泰清仰而歎曰：『弗知乃知乎，知乃不知乎！孰知不知之
知？』無始曰：『道不可聞，聞而非也；道不可見，見而非也；道不可
言，言而非也！知形形之不形乎！道不當名。』
無始曰：『有問道而應之者，不知道也；雖問道者，亦未聞道。道無
問，問無應。無問問之，是問窮也；無應應之，是無內也。以無內待問
窮，若是者，外不觀乎宇宙，內不知乎大初。是以不過乎崑崙，不遊乎
太虛。』」

些久經書場，早就慣於啃噬數百頁艱深無比的大部頭的學者專
家們來講，是有可能的，但對普通人來說則斷非如此。不過，
這份簡短、這種表現力卻有一個代價。莊子的文筆需要我們學
會去閱讀。要深入了解它真實的蘊涵，體味它特殊的質性，是
需要時間的。這一特殊的質性在我看來就在於一點，即莊子沒
有任何信仰。莊子不相信有超越於人的任何更高層次的實在，
所以他的語言沒有受到任何束縛，始終保持了絕對的尊嚴和自
由。

《莊子》當中有著非常豐富的文學體裁：簡短片段、連續
論述、獨白、對話、系列對話(就像我們剛剛看過的這一段)、
或長或短的敘述、諷喻小品、誇張鬧劇，而有些文本幾乎是無
法歸類。比如像下面這段奇異的敘述就是一個例子。原文就幾
十個字：

> 有一天黃帝遊歷於赤水北面，登上了崑崙高山向南眺
> 望。回到家裡以後，發現遺失了他的玄珠。他讓認知
> 去找，沒找著。他讓眼力去找，也無功而返。他讓辯
> 論去找，還是沒找到。最後，派象罔去找，他反而找
> 著了。黃帝說：「怪啦！象罔才找得到！」[48]

乍看上去，這一文本似乎無從理解，似乎是一個因為某種

---

[48] 〈天地〉(12/d/18-20)。所引原文如下：
「黃帝遊乎赤水之北，登乎崑崙之丘而南望，還歸，遺其玄珠。使知索
之而不得，使離朱索之而不得，使喫詬索之而不得也。乃使象罔，象罔
得之。黃帝曰：『異哉，象罔乃可以得之乎？』」

未知的原因擱淺到這裡的神話故事，哲學史家最好把它交給一位人類學或是民族學的同事去研究。這可不是跨學科研究的好處嘛！但我們打算採取另外一種態度，仔細讀一讀，盡可能地捕捉每一個辭彙所產生的共鳴效果。

黃帝乃是在莊子的時代日漸重要的一個傳奇人物形象，而之後有人將會把他塑成皇權的守護神。因爲他是黃色的，所以他的位置當然是在中央。可是有一天，這裡的文本說，他跑去赤水北面，登上了崑崙高山，向南眺望。這個開篇有一個隱藏的意涵。

在古代中國，統治這一概念是通過上與下的關係來表達的，但同時也通過北與南的關係來呈現。原則上，君主乃是座北朝南，俯瞰整個在南邊鋪展的世界。這一佈局在任何以儀規形式呈現權威的地方都是如此。無論是帝王、達官、家長、祖先或是神靈，權威的掌控者總是位於空間的北端，看著他的臣民或是子孫從南邊過來，朝著北邊叩頭作揖。在建築上，宮殿、宅邸、普通民居，以及寺院、陵墓，都是以這樣的形式設計的，從而使這種有一定方向的禮拜能夠以顯在的方式進行。從一開始，便用背過身的「背」這個字來指示北方，即使在今天，「背」和「北」也都是從發音到書寫均有關聯的兩個字。在古代中國，這一朝向意義深入人心，所以「南面」(面朝南方)這個詞變成了「統治」的同義詞。

黃帝這樣「遊乎赤水之北，登乎崑崙之丘而南望」，是試圖征服世界。這樣的行爲，對於一個已經是天下之主的人來說，頗爲詭異。他離開了自己本來能夠自然施展其影響的那個

「中」的位置，想移到世界之上邊，從外部來控制天下。而奇怪的是，這一行動沒有下文。看起來，像是黃帝一時糊塗的荒謬之舉，他隨之還得爲此付出代價：回去以後，他發現自己遺失了玄珠。關於這個玄珠，沒有任何說明。它應該是非常珍貴的，因爲君主遺失了它而感到擔憂。又是一個幾乎看不見的寶物，因爲它是「玄」暗的。此外，在保有這一寶物與統治的欲望之間，似乎有種不可兼得的兩難，因爲黃帝是在他登高南望之後，發現玄珠丟失了的。很明顯，對這一遺失是內在的，因爲他連續派了認知(原文「知」)、眼力(原文「離朱」)、辯論(原文「吃詬」)去找。黃帝的錯誤舉動使他落入了「人」的機制，即是說落入意向性的意識，落到外物的客體化、區分與推理的層次。他的三位使者，既然都無功而返，他只好出動「象罔」去找，這個人物的名字是「對現象的遺忘」的意思。這裡所遺忘的「現象」，是我們思維主觀劃分出來的事物。思維的功能正是如此，而當它對自己的這種功能缺乏自覺時，便以爲這些事物是一些客觀的現實了。可象罔卻不上這個當，他把這些事物給忘了。

故事的結局很奇妙：「怪啊！象罔才找得到啊！」這段敘述中惟一的一句話，是黃帝面對這一無法解釋的失而復得所發出的驚歎。他是在自言自語，也就是說他是一個人。他再不是什麼帝王。他統治的念頭已全消失了[49]。

我們原來以爲這是一則深奧難解的神話。現在我們所看到

---

49　關於莊子對權力的批判，參閱《莊子研究》第二章及第三章。

的是一段深刻、幽默而且精致的小傑作。讓我們再讀一遍：

> 有一天黃帝遊歷於赤水北面，登上了崑崙高山向南眺
> 望。回到家裡以後，發現遺失了他的玄珠。他讓認知
> 去找，沒找著。他讓眼力去找，也無功而返。他讓辯
> 論去找，還是沒找到。最後，派象罔去找，他反而找
> 著了。黃帝說：「怪啦！象罔才找得到！」

在這一講的開始，我說過要介紹一些更為艱深、更為詭異的段落，因為這些段落描繪了經驗當中通常跳脫了我們的注意的一些東西。接下來，我要講，莊子如何讚頌「渾沌」而通過他的讚頌引導我們從我們的經驗——從「無限親近」當中——萃取我們不曾想到過的益處。

# 第三講　渾沌[1]

　　我把莊子看作是一位哲人，認爲他是在觀察、描述「事物
的運作」。他對活動的「機制」感興趣，尤其是從一個機制向
另一個機制的過渡，而且通常是由低級向高級的過渡。當突然
間，出現了一種更爲渾整、更爲自發的活動形式，莊子會使用
「忘」這個概念：意識彷彿忘記去執行控制，忘了自己一般。
關於這一點，我已經引用了一則對話的開始部分，現在我要介
紹整個對話的內容：

　　　　顏回說：「我進步了。」
　　　　孔子說：「怎麼進步呢？」
　　　　顏回說：「我忘掉仁義了。」
　　　　孔子說：「很好，但是還不夠。」
　　　　後來一天，顏回又見孔子，說：「我進步了」
　　　　孔子說：「怎麼進步呢？」
　　　　顏回說：「我忘掉禮樂了。」

---

1　法文原題 "Une apologie de la confusion"（對混亂的讚頌）。

孔子説：「很好，但是還不夠。」

過了幾天，顏回又見孔子説：「我進步了。」

孔子説：「怎麼進步了？」

顏回説：「我坐忘了。」

孔子很好奇地問：「什麼叫坐忘呢？」

顏回説：「我放任我的肢體，拋開了視覺和聽覺，失去了對我自己和事物的意識，完全通達了萬物：這就是我所説的坐忘。」

孔子歎道：「你通達了萬物就沒有任何偏好，參與了變化就不再受到任何人常的支配。你已經成了一位大賢人了。請允許我，丘，成為你的學生吧！」[2]

我們又一次看到一個學習的過程。每一步都相應於一種新的遺忘程度。顏回忘記了「仁」和「義」，因為他已經把仁義內化，變成了一種天性。他忘記了「禮」和「樂」，因為他已經能完美地掌握禮樂，以至禮樂成了他自然的表達方式[3]。按《論語》的標準判斷，他應該已經達到了孔子所設想的完美程

---

2　〈大宗師〉（6/h/89-93）。所引原文如下：
　　「顏回曰：『回益矣。』仲尼曰：『何謂也？』曰：『回忘仁義矣。』曰：『可矣，猶未也。』它日，複見，曰：『回益矣。』曰：『何謂也？』曰：『回忘禮樂矣！』曰：『可矣，猶未也。』他日複見，曰：『回益矣！』曰：『何謂也？』曰：『回坐忘矣。』仲尼蹴然曰：『何謂坐忘？』顏回曰：『墮肢體，黜聰明，離形去知，同於大通，此謂坐忘。』仲尼曰：『同則無好也，化則無常也。而果其賢乎！丘也請從而後也。』」

3　請注意對禮樂的掌握相比於仁義的內化乃是更高一層次的境界。

度，可奇怪的是，孔子並沒有感到滿意。當他們第三次見面的時候，情勢出現了一次顛覆。顏回向他老師說，他現在已經能夠「坐忘」，坐在遺忘之中了。老師很好奇，他沒聽過這個說法，所以請顏回給他解釋。這一回，弟子給出了一段簡短精確又完整的描述，解釋自己在練這種功夫時的具體體會。結果，孔子反過來認顏回作老師，謙卑地要求成為他的弟子。為了表達自己的恭敬，他甚至是用自己的名字「丘」來指稱自己。

　　跟在《莊子》絕大多數情況一樣，這則對話的形式，是用來製造一種戲劇效果，目的是要呈現情勢的倒轉。要理解這一段文字，以及其他與之類似的段落，必須感覺出這一手法的力量所在。阿爾特在他二十多年前發表的《聖經敘事藝術》[4]中曾經分析過最古老的聖經作者們嫻熟的敘述技巧。他說，他們的敘述是如此密實，又如此簡練，使得我們都看不出其豐富性。而這往往是因為，譯者沒能夠將他們的微妙之處呈現出來。同時還因為我們今天閱讀的速度很快，而這些文本卻要求一種慢速的、一種接納性的、注意細節的讀法。而這，我們需要重新去學習。我們讀《莊子》也是這樣。阿爾特同時還指出，文學分析往往比歷史學、考古學以及批判考據學都更能準確地解讀這些古代文本，結論更可靠。他的研究顯示：敘述，尤其是對話式敘述，乃是表達我們對人生的看法最有力的一種方法，因此，文學創作才是一種高層次的認識方法。莊子之所以如此頻繁地使用對話式敘述，並非偶然現象。實際上，與其

---

4　Robert Alter, *The Art of Biblical Narrative* (Basic Books, New York, 1981).

說他對觀念感興趣，不如說他對觀念的作用，對觀念所產生的效果，對充滿活力，能夠引發變化的有效話語感興趣——比如說，那種能夠引起從不理解過渡到理解的，或是反向過渡的話語。之所以會發生這樣一個戲劇性變化，往往是因為，那些人物不是處於同一行動機制之中，或是因為，其中一個對某種行動機制有過親身體驗，而另一個卻沒有。

莊子對於這樣處於不同機制上的人物對話如此喜好，我估計他自己也曾實踐過某種藝術，或許也就是禮儀與音樂。他可能有過一個研習禮教的學習過程，所以也是一個儒家子弟。我認為其中一個跡象，就是他對孔子這一人物的偏好：莊子對孔子始終抱以一種善意的嘲諷態度。在《莊子》當中，孔子乃是最優秀的教育家，因為他自己總是在學習。他是柏拉圖定義下的真正的哲學家，即是說一個愛智慧，也就是努力尋求智慧的人[5]。莊子與儒家禮教之間這種緊密的聯繫，是他思想當中一直不大為人重視的一個方面，因為他一般是被歸作一個屬於道家的思想家[6]。

不過，讓我們先回到對話。這一則對話有點令人費解。我們可以想像對仁義、禮樂的遺忘可以成為同一進步過程的不同階段。但我們無法理解「坐忘」，坐在遺忘之中，也能被看作

5 這是philosophe「哲人」的原義。Philosophie「哲學」一詞來自古希臘文，意指「愛」philein「智慧」sophia。
6 這一聯繫自清朝以來有幾位中國學者曾經指出。Robert Eno在其 The Confucian Creation of Heaven, Philosophy and the Defence of Ritual Mastery(State University of New York Press, Albany, 1990), pp. 283-284.當中也曾略有論述，但是就我所知，這一問題從未經過深刻研究。

同一進步過程中一個新的階段。仁義呈現在與他人的關係當中。禮樂是一種實踐的活動，與外界相聯繫。而當顏回「坐忘」之時，他卻似乎與外界以及他人分離開來，轉而封閉了自身。他似乎在這一刻，從活動轉入了徹底的非活動。可無論是顏回，還是孔子，或是莊子都不這麼看。他們不覺得這一轉變與之前的幾個階段有任何斷裂，相反認為它是此前描述的進步過程之最高境界。他們認為踐行靜止可以讓人進入一個更高層次的活動機制，而且他們這麼認為是很有道理的。困難是在我們這一邊。我們無法理解他們，是因為我們對於這樣一種活動機制既沒有概念，也沒有體驗。不過，我們完全可以去探索這一機制，只要肯嘗試就行。在開始的時候，會遇到一些困難，但都是很容易克服的。

　　我從米紹[7]那裡借來一個對這一類探索所做的描述。那是在〈面對那消隱的〉當中一段文字，標題是「靜觀忽至」[8]。敘述是這樣開始的，米紹在聽音樂：

　　　　我剛剛碰到一段跟我自己反向而動的旋律。於是我把它停了。

　　　　……他人的世界聽不見了。永別了音樂。只剩沈默。

　　　　我停在那裡，一動不動，絕對紋絲不動。

7　Henri Michaux(1899-1984)，一譯米肖，比利時裔法國詩人。

8　"Survenue de la contemplation," 收入 *Face à ce qui se dérobe*(Gallimard, 1975), pp. 108-124.

有種功能不想再動了。如此而已。我看不到更遠。如
果說我被消解了，我也渾然不知。

……思想又回來了。跟平常不一樣。包容到不可思
議。他發現的情景，奇廣無比，越來越廣，是一種聞
所未聞的寬廣。

之後：

有了靜觀。

一個「透徹」的場景呈現在我眼前，任我觀瞻。

一種比我自然感覺要寬大許多的景觀，帶著更多成
分，意義更深遠，彼此完美契合……

這是怎麼發生的呢？

我在靜止中。這是第一條件。首先這靜止，不是那種
沒有了運動的靜止，即將轉入渾噩，讓一切都白費了
的靜止。那靜止是一種更高層次的靜止，是一種失去
干預心的放棄狀態。

再沒有任何捕捉。(……)

漸漸地，這種靜止的條件明確起來了：

非常「清醒」，至爲「解脫」。(……)那時，我再不
能做任何一點思考，只感覺這是至關重要的一個條
件。在這一時刻，禁止(否則便會前功盡棄)去抓住思
想的這種或者那種元素，再怎麼小也都一樣，也就是
禁止在其上停留任何一刻，禁止減緩任何一個；更不

用說以這一種或是另一種方式去做記錄，或是為未來
的回憶留下任何痕跡了。
在靜觀中沒有任何參照點。只看但不檢視。(……)

然而：

在某一刻，有了那麼一丁點對於一縷思想的挂牽。那
就回來了，又是我了──……恢復過來的好奇心在東
摸西找，觀念的貪婪，干預的快感，那個評斷機制蘇
醒過來，又開始聰明，不斷地下起評語來了。……

可是在最後，又發生了一層深化：

寧靜的天地。我當時置身其中。
千真萬確。(……)
更強、更新、更完全。
本然的寧靜。
回歸根底。
無用終於消逝。(……)

宏大就在於此，無可比擬。(……)

在這段敘述之後，一則很長的注腳當中，米紹還提供了幾
條建議：

一個人，一言不發——話語會給出位置，要身無一
處。……

一動不動。

靜止。姿勢也不變(要根據自己力量的強弱，採取一
種可以長久維持的姿勢，幾乎是可以無限)。保持
住。

沒有欲望，也沒有對任何將要發生的東西的興趣，因
爲它們會模模糊糊地調動你起來、左右你、型塑
你——未來是一個舉動——一種準備。

把我們「展望」的東西去掉，未來便消失了，不再被
知覺。人也就解脫了這一向度。(……)

在必要的短暫思索之後，把還剩下的那點記憶也都清
空，要杜絕回憶。過去要被縮減到極致，但是，前景
才尤其是，而且永遠是敵人：分心的欲望，對變化的
貪婪所引發的無窮誘惑，想要變換姿勢、作爲、思
考，都馬上會帶來一種猥瑣又散亂的延長，呼喚你走
向未來，近處的未來又會再召喚下面的未來(……)

通過對一切運動、一切舉動的取消，達到對時間的不
參與、無行動(憂慮和擔心都是一些動作，而且是最
陰險的，因爲它們是同時，而且是毫無意義地，居於
過去和未來)……

對微小動作的摒棄也驚人地重要。

一個低微的開端，但後果無窮。

執著地抗拒移動的願望，帶出了亙古不變。（……）

　　這一陳述非常珍貴，因爲它集中在對經驗的描述上。米紹非常謹愼，避免在其中摻入任何哲學或是宗教的辭彙，避開了抽象概念、教條以及信仰。他或許是服食了麻醉品，效果來得更快，但這並不減損其描述的價值。我們若是略加練習，也能夠不依靠輔藥，達到同樣的效果。當莊子在描述這同樣的經驗之時，他也不曾借助任何信仰，只是精確地描述一種活動機制。跟米紹在別的一些著作，尤其是在其關於仙人掌鹼(mescaline)以及其他有關毒品的作品 9 當中一樣，莊子也把這一活動機制，與其他更常見的機制聯繫起來。

　　在這裡，我無法深入細緻地討論莊子的描述，因爲那需要我們檢省中文的原文和我所提供的譯本。我是在嚴格遵循詞法以及句法所給出的限定之下，以描述的經驗爲準。尤其是顏回所說的一句話：「我放任我的肢體，拋開了視覺和聽覺，失去了對我自己和事物的意識，完全地通達了一切：這就是我所說的『坐忘』。」而孔子回答說：「你通達了萬物就沒有任何偏好，參與了變化就不再受到任何人常的支配。你已經成了一個大賢人了。」對於這段對白，我只想做一點評論。就是顏回已

---

9　主要包括 *Misérable miracle*(《微不足道的奇跡》，1956), *L'Infini turbulent*(《洶湧的無限》，1957), *Les Grandes épreuves de l'esprit*(《精神的大考驗》，1966), *Connaissance par les gouffres*(《來自深淵的知識》，1967)。

經「沒有任何偏好」──「無好也」，已經「不再受到任何人常的支配」──「無常也」（我們會說，他不再受重復法則的支配），那他就可以，在任何情況下，都以適宜而必然的方式來行動。顏回坐在遺忘中，是離開了行動，但這只是爲了在必要的時候，再回到行動。他能夠行動卓絕，是因爲他已經「化」了，即參與了變化：能夠隨時將正在發生的所有變化加以綜合。其進步的第三階段確實是前兩段的延續。或許莊子認爲，自己出身的禮教環境中人都太過狹隘，因爲他們不知道有這一更高的層次，因此也就不能眞正理解第二層次，甚至連第一層次都不能理解。

顏回給我們介紹了靜止在身體內所起的作用；接下來，要看看其外在的效果，它在別人身上產生的影響。下面這一場景，是從一段更長的敘述當中節選出來的。莊子在其中再一次顯示了他高明的戲劇手法：

> 孔子去見老聃。老聃剛洗過頭，正披散著頭髮，等待
> 晾乾。他靜止不動，完全不像個人。孔子於是退出，
> 在一旁等候。過了一會兒，孔子〔還是〕去見了老
> 聃，對他說：「我不知道是不是眼花了。剛才先生您
> 還像一株枯樹，彷彿已經忘掉了萬物，離開了人世，
> 直立在一種絕對孤獨的狀態中。」老子回答說：「剛
> 才我是在萬物本源附近邀遊。」孔子：「您這是什麼
> 意思呢？」老子回答：「那是我們的心靈無力去把
> 握，而我們的嘴也只能呆張著、不能言說的東西。不

過我還是試著給你說個大概吧。(……)」[10]

　　英國漢學家葛瑞漢(A.C. Graham)曾經提出一個設想，說是莊子編寫的這一類場景，讓某個不知名的人想到要去撰造老子的作品《道德經》[11]。這一高明之至的作法有一舉兩得的功效。這位無名的作者，將自己的思想轉到一位被莊子賦予了極高聲望的形象身上，勢必可以確保這些觀念的傳播。他這樣做，還加強了這些觀念的權威性，因爲他把它們說成是一位古代人物的觀點，這個人又與孔子同時，而且智慧還高於孔子，因爲連孔子都向他請教好幾次。葛瑞漢的這一設想，過去我覺得是很有可能的，但是最近一些考古發現，使人必須放棄這一思路[12]。

　　讓我們來看故事場景。孔子不小心闖進了老子的私人生活：他剛洗完頭，正就著太陽晾曬。請注意他頭髮是披散著，就跟游水的男子一樣，這意味著他們是在社會邊緣的人物。老子似乎非常熟諳靜止實踐，利用頭髮晾曬這麼短短的時間，也

---

10　〈田子方〉(21/d/24-27)。所引原文如下：
　　「孔子見老聃，老聃新沐，方將被髮而幹，慹然似非人。孔子便而待之。少焉見，曰：『丘也眩與？其信然與？向者先生形體掘若槁木，似遺物離人而立於獨也。』老聃曰：『吾遊心於物之初。』孔子曰：『何謂邪？』曰：『心困焉而不能知，口辟焉而不能言。嘗爲汝議乎其將（……）』」

11　參閱*Disputers of the Tao*(《論道者》), pp. 215-219，以及 "The Origins of the Legend of Lao Tan"（〈老聃傳奇的起源〉）一文，收於*Studies in Chinese Philosophy and Philosophical Literature*(《中國哲學及哲學文本研究》)(Institute of East Asian Philosophy, Singapore, 1986), pp. 111-124。

12　參閱《莊子研究》，頁271。

來練習一會。請特別注意他的靜止狀態對孔子產生的效果。莊子是以很準確的筆法，描繪了這一類靜止狀態實際上給人的印象。當一個人「在遺忘之中靜止不動」，完全暫停了身體的任何運動，那他就中止了肢體語言，也就是取締了這種構成我們與他人的日常社會生活中連續不斷的潛語言交流形式。這便造成了一種怪異的效果，這段文字描寫得很好：「老子靜止不動，完全不像個人。」而這樣的靜止也確實會使別人靜止下來。我們要想觀察將要抓魚的一隻鷺，或是一隻正要捕捉野鼠的貓，那我們自己也會停止運動，變成出神狀態的觀察者，即此前說過的那種靜觀狀態。我們是被眼前的場景吸引住了。

孔子便是遇到同樣的情況。他被鎮住了，藏到一邊，等候著。然後，又走上前去跟老子說話。他如果不從藏身的地方走出來，就不會有對話。他對老子說：「我不知道是不是眼花了。剛才先生您還像一株枯樹，彷彿已經忘掉了萬物，離開了人世，直立在一種絕對孤獨的狀態中。」這句話很值得注意，因為他描寫了「坐忘」之人的外貌，同時也描寫了他在這一活動機制當中親身的感受。而老子的回答，則更是值得注意：「吾遊心於物之初。」我是在萬物本源附近遨遊。孔子不懂，所以老子解釋說：「那是我們的心靈無力去把握，而我們的嘴也只有呆張著、不能言說的東西。不過我還是試著給你說個大概吧。」在老子的孤獨、靜止狀態中，他見證了某種東西，看到了一種無聲的景觀。這一體驗與我前面所提到的很接近。我曾說，當一種活動對我們來講變得很自然，意識會減弱它的控制，從而可以或是轉向別處，或是回到正在進行的活動之上，

從內部以觀察者的身分來檢視它。這便是莊子在一個特殊的意義上，使用「遊」這一字眼所指稱的機制。而在此我們看到了另一種狀況：意識面對的不是一個運動中的身體渾整的行動，而是身體本身處於靜止時內在的活動。但對莊子來說，其間的關係是相同的。他還是使用「遊」這個動詞來指稱它。老子說，「吾遊心於物之初」，其意識拋卻了一切實踐的心思、一切意願，任隨一個平靜下來的身體知覺來帶動自身。這乃是「遊」的一種形式。

於是就產生了幾個問題。爲什麼以單單一個「遨遊」來翻譯「遊心」，即是說，由字面上看是「讓心靈遨遊」呢？爲什麼使用「在萬物本源附近」來翻譯本來更爲簡潔的一個說法「於物之初」──字面上看就是事物的「開初」或是「本源」？這些細微的區別，是我在經過反復思考之後所引入的，但是在此我不打算加以說明。更重要的問題是要理解，老子爲什麼「在萬物本源附近遨遊」，或是怎麼遨遊的。我準備以後對此作出回答。先把這個問題放在一邊，繼續我們的探索。

下面是一段非常出名的對話，也是從一則較長的對話中節選出來的。又是孔子和他最鍾愛的門徒顏回在一起討論：

　　顏回說：「什麼是心齋呢？」
　　孔子回答說：「使你的心智專一，不用耳朵去聽，而是用心；不用你的心去聽，而是用你的氣去聽。因爲耳朵作用只不過是聽，而心的作用只不過是認知，氣卻是一種完全開放的虛空。道只在這種虛空當中才可

聚集。這種虛空，就是心齋。」[13]

孔子的回答，非常有意義。其內容仍舊是靜止或是說寧靜的實踐。孔子是在建議顏回要逐漸深化對自己身體活動本身的注意力。他說：「使你的心智專一，不要用你的耳朵去聽，而是要用心。」也就是說，不要試圖知覺聲音，或是任何別的外在的現象，而要把注意力轉向當下的自我知覺。要做到這一點，「不要用你的心去聽，而是要用你的氣」——因為對自我的知覺不是一件思維上的事，而是「自身」（corps propre）[14]的自我感覺，它是我們自身活動的自我知覺（sens propre）[15]。在這裡，我們真正地觸及到了經驗的基本素材，觸及到最終極的簡單——或是說，我之前提到的「無限親近」、「幾乎當下」。「自身」活動的自我知覺，這乃是我們的意識和我們的主體性之基礎。「心齋」，乃是對這一至為簡單、至為親近的基礎之回歸。

以莊子的話說，「氣是一種完全開放的虛空」。在寧靜狀

---

13 〈人間世〉（4/a/26-28）。所引原文如下：
「（顏回）問曰：『敢問心齋。』仲尼曰：『若一志，無聽之以耳而聽之以心，無聽之以心而聽之以氣。聽止於耳，心止於符。氣也者，虛而待物者也。唯道集虛。虛者，心齋也。』」

14 「自身」corps propre 與「他身」corps objet 是法國哲學家梅洛—龐蒂（Maurice Merleau-Ponty, 1908-1961）提出的兩個概念。「自身」指自己的，通過自我感覺感知的身體，「他身」指別人的，作為客體的身體，二者屬不同範疇。

15 筆者在《中國書法藝術》一書當中對這些概念曾加以界定。參閱第六章，頁136-137。

態下，「自身」的確呈現爲一種虛空。而在此，它不僅僅呈現爲虛空，而且還被構想爲虛空。在這一虛空當中，莊子說，「唯道集虛」──道聚集其中，道只在這一空間聚集。我們可以說，道是在這裡出現、形成和開展其作用的。前面那段文字所說的「事物的本源」──「物之初」也是在這個地方產生。

　　爲了理解這裡所說的現象，讓我們再一次參考我們自己的經驗。這一現象，我們其實都很熟悉。比如說，當我們沉浸在遐想之時，這一沉浸狀態首先是身體的。我們放鬆下來。感覺、記憶、想像都不再服務於行動，而是自由地組織起來，自由地變化。在這時所產生的虛空當中，「道聚集其中」，我們「在萬物本源附近遨遊」。例如，我們在思考的時候，到底是在做什麼呢？而感覺抓住了一個問題的時候，也是讓自己進入一種虛空。一個人在思考，你觀察他的面容，那是靜止的、放鬆的、沒有表情的、虛空的，像是在聆聽，但不是用耳朵聽，而像孔子所說的，用心聽；與其說是他「用心聽」，不如說是「用他的身體聆聽」。因爲那時，我們是讓我們所有已知與未知的官能和潛力一同在作用。我們在此採用的辭彙，很容易讓人產生錯誤的認識。法語「思考」叫réfléchir，這一動詞的本義是「反映」，但是思考跟事物的影像出現在一個反射性平面上沒有關係，像réflexion（思考，名詞）、spéculation（反思或思辯，名詞，本義是用鏡子映照）這些對我們的思維習慣產生了深刻影響的觀念，都是錯的。莊子沒準兒會覺得，這些觀念很有異國情調，很有趣，也很荒謬。他也許會說，你們再好好觀察吧。

　　當我們在思考的時候，在組織一個句子，或是尋找一個詞的時候，精神是退身出去，讓身體來行動的。我們在別的情景下，也會求助於這種「自身」的虛空。我還記得，在艾克斯[16]一次音樂節上，一位演唱莫札特的女高音歌唱家，接受電視探訪。記者問她：「您在上場之前的那一刻會做什麼？您是不是會想您將要演唱的旋律？」而她說：「當然不，我讓自己空掉。」我們都知道，必須要讓自己進入一種虛空，我們所有的力量才能聚集起來，產生那種必然層次上的行動。我們也知道，失去了這種進入虛空的能力，就會產生重復、僵化，甚至於瘋狂。相反，回歸虛空的能力，用莊子讓顏回所說的話來講，卻可以是「化」而「無常」，「參與事物的變化」，「不再受到任何人常的支配」，在任何情況下都能行動得體。再想想此前引用過的那一段話：「知道天的行動是什麼，〔同時〕知道人的行動是什麼：這便是最高的層次。（……）知道人的行動〔究竟〕是什麼，就會以意識無法把握的東西去滋養意識所把握的東西。」[17]

　　老子的靜止、顏回的坐忘、心齋，最初都似乎是一些離我們的經驗很遙遠的行為，甚至無法理解。我們現在看到，這些行為，是從我們共有的一些才性當中自然生發的，我們只不過運用方式不一樣，或是用得沒有那麼高明。我認為，我們之所

---

16　法國南方的Aix-en-Provence。
17　《大宗師》(6/a/1-2)。所引原文如下：
　　「知天之所為，知人之所為者，至矣！知天之所為者，天而生也；知人之所為者，以其知之所知，以養其知之所不知。」

以沒有更好地運用，是因為我們不曾看到它們與我們習慣的活動形式之間的關係。我們的對主體性與主體的概念，阻止了我們認識到這一關係。而對莊子來說，這些關係卻很明顯。這首先因為，他對我們的活動所有的機制，以及它們之間弔詭的聯繫十分注意；其次，是因為他一開始便把我們活動的本根，或是說「自身」，或是說主體性(這一切其實不過都是一回事)，看作是一個「活性的虛空」(un vide fécond)。

莊子這一觀念，在下面這一則〈應帝王〉篇末文字當中，表達得尤為清楚簡練。在此，我只分析其第二部分，因為這一部分引入了一個新的概念：

> 不要為名充當屍身，不作算計的府庫，不要忙於擔攬事務，不要扮演智知的主宰。還是讓自己去體驗無窮，到那還沒有任何起點的地方遨遊。稟受於天的東西，要盡其所能，卻不試圖將之劃為一己之得；做到虛也就罷了。至人用心若鏡——對要離開的不送，對要來臨的不迎，一切都能接受卻什麼也不保留，因此能夠擁抱所有事務卻不受任何損傷。[18]

很多譯者對這最後一句的翻譯都不恰當，因為他們以為，

---

18　〈應帝王〉(7/f/31-33)。所引原文如下：
　　「無為名屍，無為謀府；無為事任，無為知主。體盡無窮，而遊無朕；盡其所受乎天，而無見得，亦虛而已！至人之用心若鏡，不將不迎，應而不藏，故能勝物而不傷。」

這一句是描繪至人的行為，而實際上它是在描寫鏡子的功能。
並不是一個高尚的人，而是鏡子，從字面上講，「不將不
迎」，就是既不送走也不迎接。古代中國的禮節，要求人在有
尊貴的客人之時，要遠迎，而且當對方的地位高於自己時，還
應當越遠、越急切才越得體。同樣，還得護送他離開，也是要
與其尊貴的地位有相應的距離和殷勤。鏡子，在「接待」的時
候，不會這麼做。它能接受所有出現的事務，卻又總是安定於
自身。一個完善的人也是這樣做的。它不像人在社會當中那
樣，躁動不已。它接受，再回應。而它之所以做得更好，是因
為它始終在內保持了虛空，也即是說，它與自身所有的潛力保
持著聯繫。它又「不藏」，什麼也不保留，所以每一次都以新
的方式在回應。它的能源足以使它能夠擁抱所有事務卻不會受
到任何損傷。在這裡，與鏡子所做的比較，在每一點上都是有
意義的。文本也呈現一種完美的嚴謹性。

　　當我坐在遺忘之中時，顏回說，「我放任我的肢體，拋開
了視覺和聽覺，失去了對我自己和事物的意識，完全地通達了
一切」。他體驗到了孔子在另一則對話當中，向他描述的那種
「開放的虛空」，那種「道只能聚集」其中的虛空，那種「萬
物之起源」所在的虛空。人在實踐靜止時所知覺的虛空，乃是
一種充滿了光明的活的虛空。但是它也可以呈現為一種昏暗的
動態，就像萬物所自，萬物所歸的那個渾沌世界一樣。

　　在我下面引用的這段文字當中，這一渾沌世界是呈現為一
種客體化的形式，像是一種外在於我們的現實。這段著名的文
字或許並非出自莊子的手筆，但是與我們所知的莊子思想，卻

是完全契合的：

> 莊子的妻子死了，惠施前往弔唁，莊子正叉開兩腿，
> 坐在地上，敲著瓦盆唱歌。
> 惠施說：「她跟你一起生活，給你生兒養女，現在老
> 而身死。你不哭已經夠過分了。可是，還這樣敲著瓦
> 盆唱歌，這也太過分了吧！」
> 莊子說：「一點也不。她剛死的時候，你以為我沒有
> 傷心嗎？可是，經過思考，我發現本來是沒有她的那
> 一條生命的；不但沒有生命，而且沒有形體；不但沒
> 有形體，甚至連個活氣都沒有。就夾雜在恍恍惚惚之
> 中，變化一下子有了氣，氣變化有了形體，形體變化
> 有了生命，而現在又變化進了死，就跟春夏秋冬四時
> 的賡續運行一樣。她安然躺在巨大的屋子裡，而我卻
> 嚎啕大哭在一旁。我覺得這是太不通必然之理了，所
> 以就不哭了。」[19]

---

19  〈至樂〉（18/b/15-19）。所引原文如下：
「莊子妻死，惠子弔之，莊子則方箕踞鼓盆而歌。
惠子曰：『與人居，長子老身，死不哭亦足矣，又鼓盆而歌，不亦甚乎！』
莊子曰：『不然。是其始死也，我獨何能無概然！察其始而本無生；非
徒無生也，而本無形；非徒無形也，而本無氣。雜乎芒芴之間，變而有
氣，氣變而有形，形變而有生。今又變而之死。是相與為春秋冬夏四時
行也。人且偃然寢於巨室，而我噭噭然隨而哭之，自以為不通乎命，故
止也。』」

　　我感興趣的是中間的一句話，「雜乎芒芴之間」，夾雜在恍恍惚惚之中。這裡的「芒芴」一詞，類似其他一些意義相同或相近的字，例如：渾沌、糊塗、葫蘆，等等。渾沌是指一種混亂，我們後面會再討論，糊塗是指精神上的混亂，而葫蘆就是葫蘆[20]。這些都是一些很特別的辭彙：由兩個連在一起的同音節或近音節組成的雙聲詞，在古代漢語當中比較少見；兩個音節有區別，但是區別很小，而且彼此呼應，像是一種相聲詞，發音的時候嘴唇幾乎是關閉的，讓人聯想到「卜萄」聲，有點像法語當中的borborygme(咕嚕聲)，當然更容易讓我們想到tohu-bohu這個詞(熱鬧雜亂，來自古希伯來語，原指「原始渾沌」)。這些雙音節詞，跟「天地」、「乾坤」或是「陰陽」一樣，但音節還沒有完全分離，沒有產生相反相成的對立概念。這當中的聯繫是以葫蘆的形象來象徵的，葫蘆的兩個球體，既不是一體，也沒有分開。一句話，萬物是從渾沌不分當中生成的，它們的生命來自於渾沌。

　　在〈應帝王〉的篇末，有一則極短的故事，其簡潔、明確與詭異都讓人想到黃帝玄珠的故事。我們來看一看：

　　　南海的大帝是儵，北海的大帝是忽，中央的大帝是渾
　　　沌，儵和忽時不時會到渾沌那裡聚會，渾沌總是很好
　　　地招待他們。儵和忽想怎麼報答一下渾沌的善意，商

---

20　可以補充一點，在前面「黃帝遺珠」那段文字當中的「崑崙」，即世界
　　的中心，也屬於這一類詞。「餛飩」，就是常見的一種餃子，應該也是
　　以食品的形式代表那種自閉自足的渾沌狀態。

量著說：「人都長著七竅，用來看、聽、吃、呼吸，
渾沌卻一樣也沒有，我們來給他鑿出來。」他們每天
鑿一竅，七天渾沌就死了。[21]

　　害死了渾沌的這兩個冒失鬼，名字叫儵和忽，儵忽也是一
個雙音節詞，意思是「瞬間」、「迅速以至於無法察覺」。儵
和忽都是些躁動好事之徒，他們愚蠢的善意害死了善待他們的
渾沌。為了讓大家感覺一下在中文裡，這個故事可能產生的效
果，我們可以把這一段改寫如下：

　　南海的大帝叫忙忙，北海的大帝叫慌慌，中央的大帝
　　是渾沌，忙忙和慌慌時不時會到渾沌那裡聚會，渾沌
　　總是很好地招待他們。忙忙和慌慌想怎麼報答一下渾
　　沌的善意，商量著說：「人都長著七竅，用來看、
　　聽、吃、呼吸，渾沌卻一樣也沒有，我們來給他鑿出
　　來。」他們每天鑿一竅，七天渾沌就死了。

　　渾沌的錯誤在於「很好地招待」了兩位外來的行動者，至
少是沒有對由此而來的交往保持足夠的警醒。這是一個致命的
錯誤。渾沌一旦被鑿穿以後，他原有的那種渾全不分、富有活

---

21　〈應帝王〉(7/g/33-35)。所引原文如下：
　　「南海之帝為儵，北海之帝為忽，中央之帝為渾沌。儵與忽時相遇於渾
　　沌之地，渾沌待之甚善。儵與忽謀報渾沌之德，曰：『人皆有七竅以視
　　聽食息，此獨無有，嘗試鑿之。』日鑿一竅，七日而渾沌死。」

力的混淪狀態便流失了，而死亡也就緊隨而至。這個結局讓人
想到在《愛麗絲漫遊奇境記》當中[22]，憨墩胖墩最後撞到牆上
摔成碎片的故事。倏忽兩人的工程前後用了七天，也恰好與
《創世紀》當中，造物之神開創天地人寰的過程構成一個奇妙
的對比。這當中確實有值得深思的地方。

　　但是，在此我只想提醒讀者，注意這一則故事與黃帝遺珠
的故事之間明顯的聯繫。這兩個故事在某種意義上是互爲表
裡。黃帝派了聰敏的知、好眼力的離朱和善辯的吃詬去尋找他
遺失的玄珠，結果他們都無功而返。最後找到玄珠的卻是象
罔，也不知是怎麼找到的，黃帝非常訝異。他原來那場荒謬的
登山計劃，放到了一邊，一切才又回復正常。渾沌也是中央之
帝，他是待在了中央，但卻沒有警覺外面的人，沒有防備他們
那些無事忙的舉動。他的兩位客人爲他開鑿七竅，要把他變得
跟他們一樣，而他的生命材質卻通過這些竅穴流散了。他生存
所需的內心的渾沌狀態流失以後，他就死了。這個故事的主旨
是，我們的主體賴以生存的虛空或是渾淪如何遺失的故事，沒
有這種渾淪，主體性就必然凋敝，或是說，必然乾涸[23]。

---

22　*Alice's Adventures in Wonderland*，劉易斯・卡羅爾（Lewis Carroll, 1832-
　　1898）的名著。卡羅爾是牛津大學數學家、攝影家、作家。憨墩胖墩這個
　　人物，名字很像「渾沌」，樣子也像。

23　關於渾沌，可以參閱N.J. Girardot, *Myth and Meaning in Early Taoism.The
　　Theme of Chaos*（*hun-tun*）（《古代中國的神話與表意──以「渾沌」爲
　　題》）（University of California Press, Berkeley, 1983）。作者認爲，渾沌是
　　一種爲道家借用的神話或宗教原型概念，似乎從未考慮過，莊子可能以
　　其獨有的方式使用這一觀念，表達他特有的某種思想。該書的弱點不只
　　此一項。

　　我們還可以從別的視角來理解這一故事的哲學意義。比如說，把它跟《莊子》當中其他幾處出現過的一大主題聯繫在一起，這一主題就是人迷失在外物當中之時所面臨的危險。在〈齊物論〉這篇從哲學角度來講當屬全書最為密實的文字中，莊子曾說人「在睡眠當中，他的靈魂交雜，清醒的時候，他的形體張開，膠著於他所知覺到的事物，因此，把他的精神都投到了無用的爭奪當中」24。這段文字表述的，並不是些原始的心理學概念，而是對任何地方、任何時刻都在發生的狀況很清醒而成熟的描述。當莊子說，人一醒過來，就「膠著於他所知覺的事物」，字面上是「與接為構」，就是接觸並且固定化，或者說產生一種固著。他所說的，其實就是現象學者稱之為「天真現實主義」的態度，但不同的是，他把「懸置」(époché)這種對我們知覺之客觀性的懷疑，變成了一種更為豐富的觀念。莊子感興趣的不是知識論，而是我們主體的自由，是我們怎麼能夠從事物中解脫出來，從而採取恰當行動。有一段敘述當中，他曾對這一關懷做了特別驚人的表達，但在此我只能略過，因為那則對話篇幅太長。對他一些耽於思索，因而面臨一組無法克服的矛盾的同伴，他勸導說，「如果你們能夠在事物原初附近遨遊，把物看作是物，而不是被物所物化，那你們的困境就會消失的」25 他建議他們：要認清事物所是，即

---

24　〈齊物論〉(2/b/10)。所引原文如下：
　　「其寐也魂交，其覺也形開。與接為構，日以心鬥。」
25　〈山木〉(20/a/7)。所引原文如下：
　　「浮游乎萬物之祖；物物而不物於物，則胡可得而累邪！」。

事物是我們的精神從感覺出發結成的固態，一般是以語言形式
產生。這些事物，不要過分地將它們物化，否則它們會反過來
將你物化，使你失去主體的自由。

　　莊子對這一觀念的表述是：「物物而不物於物。」「物」
意思是事物或是現象，莊子把這個名詞變成了一個動詞「物
化」，再通過意動用法，表示「看作是一種事物」。這一手法
是當時的文學語言所允許的。而第二個「物」是第一個「物」
的受詞：「物物」，就是把事物看作是事物。「而」是一個連
詞，它既是「同時」又是「但是」。「不」，表達了否定的概
念。「於」，是一個通常用在動詞之後的虛詞。所以在它前面
的這個「物」，也就是一個動詞，正如這句話當中的第一個
「物」字，便是一種使動用法。「於」，是用來引入行動者。
「物於物」的意思就是，「被事物變成事物」。所以，「物物
而不物於物」就是說，如果你把物看作是物，而不是任由自己
被物所物化。讀者在此可以看到，莊子在表達上跟在思想上都
同樣地大膽。

　　我在此提到這一哲學主題，是為了說明，莊子認為，我們
的精神有一種自然的趨勢，就是容易迷失在事物當中，在其中
異化，因而影響到我們的主體自由。而這正好就是渾沌所遭遇
到的不幸。

　　最後還有一段故事，在其中包含了好幾個我剛剛分析過的
主題。因為它比前面幾則都長，而我又不希望中斷它的內在脈
絡，所以我把一些對讀者有用的解釋放到了注解當中：

雲將到東方去旅行，經過扶搖樹下的時候，剛好遇見了鴻蒙。鴻蒙正拍著大腿，像個小麻雀一樣蹦蹦跳跳地在演練[26]。雲將看見這個場面，立刻停步，一動不動地站在那裡，問道：「這位老先生是誰啊？您在那兒做什麼呢？」鴻蒙仍然拍著大腿，像個小麻雀一樣蹦來蹦去，回答說：「我正好玩呢！」[27] 雲將說，「我想請教一個問題！」鴻蒙抬起頭，看了雲將一眼，說：「啊！」雲將說：「天氣不合，地氣鬱結，六氣不調，四時也都不能應時當令。現在我想融合六氣的精華來讓各種生物繁衍生養。我應該怎麼做呢？」[28] 鴻蒙拍著大腿雀躍著搖頭說：「我不知道，不知道。」雲將再沒得到別的答復。

過了三年，雲將又向東飄遊，經過宋國的曠野，正巧又遇見了鴻蒙。雲將欣喜萬分，快步走上前，說：

---

26　扶搖乃是一棵傳奇神樹。「鴻蒙」的意思大致可以解釋為「大隱」，這個名字跟此前討論過的渾沌等字彙可歸為一類。鴻蒙蹦蹦跳跳地「雀躍」不已，便已是進入了動物那種完全自然的活動狀態，一種屬於「天」而不再是「人」的活動層次。對野生動物的模仿在中國傳統「生活藝術」當中所起的作用更是不言而喻的。

27　故事的開篇很像「庖丁解牛」和「蹈水呂梁」的場景：有個人在實踐自己的藝術，另一個見證人則向他請教。不同的是鴻蒙沒有停下來解答疑問。他說：「我正好玩呢！」這是我的翻譯，原文就一個「遊」字，也就是我們已經分析過的那個概念，指的是「隨同我們身上帶動我們的力量之變化而變化」。

28　作為一位盡職的將軍，雲將很關心秩序。他想要「融合六氣」來恢復和諧與繁榮，就像後來的道士作法那樣。可是他不知道應該如何行動，所以向鴻蒙請教。可是鴻蒙對秩序毫無興趣，所以兩人的對話很快就沒下文了。

「尊敬的天師，您忘記我了嗎？不認識我了嗎？」他拜了兩拜，叩頭施禮，想得到鴻蒙的指教。鴻蒙說：「我隨意行走，東遊西蕩。在我流浪途中，直觀那無欺妄的東西，我又知道什麼呢？」[29] 雲將說：「我以為自己也跟您一樣東遊西蕩，可是走到哪裡，人們都跟隨著我；我啊，對這些人真是沒辦法，他們指望著我。請先生您賜教吧。」[30] 鴻蒙說：「擾亂天道運行，違背萬物自然的性情，玄冥的天機就不會行動。獸群分散而鳥兒夜鳴，災害降臨草木，禍敗傷及昆蟲。這都是人自以為能治理一切而帶來的禍害啊！」[31] 雲將說：「那我該怎麼辦呢？」鴻蒙說：「沒希望了，你走吧，請回吧！」

雲將說：「我能見天師您一面，可真不容易，請先生您還是指點我一下吧！」鴻蒙說：「那好，你就養心吧！你要能安於無為，萬物自會自生自長。拋開你的形體四肢，把你的耳聰目明也放到一邊，忘記一切，

---

29　「我隨意行走」，原文字面「浮游」的意義是「我任隨自己漂浮」；同樣又出現了「遊」這個字。「觀察那無欺妄之事」，原文「觀無妄」當中的「觀」字是「觀賞某個景象」、「見證某種場景」等意義上的觀看。鴻蒙在進入了高級的活動機制，意識解脫了負累之後，成了身體自身神奇活動的觀眾。這一活動之所以「無妄」，不會有半點欺妄之處，是因為它對我們來說就是實在本身。

30　雲將還沒有達到無意向的境界，所以無法見證奇觀。他依舊是為行善的意願所動，依舊想要幫助別人、指導別人。關於這一態度帶來的不可避免的麻煩，可參閱《莊子研究》，頁29-31。

31　見《莊子研究》，頁64-66，可參閱與此相應的一個段落的闡釋。

任自己沈潛，在渾沌中融爲一體；解散思慮，放下心
神，漠漠然如心魂盡失，萬物就會各自歸返他們的本
根，而你對此肯定渾然不覺。沈浸在這種渾渾沌沌的
狀態中，終身不要脫離；如果你試圖去理解它，那你
立刻就會脫離它[32]。不必管它是什麼名字，不必窺探
它是什麼樣子，萬物都會各自完成他們自己的生
命。」雲將說：「天師您傳授給我德能，教導我靜默
修身，我一生全力尋找的東西，現在總算找到了。」
於是他拜了兩拜，叩頭謝師，站起來告辭而去。[33]

---

[32] 「沈浸在這種渾渾沌沌的狀態中」，這裡莊子將「渾沌」二字加以重疊，強調人應當與這種滋養人心的渾沌狀態保持聯繫。末尾一句則涉及前面泰清、無窮等人的對話當中已經討論過的認知的問題，見前頁59-63。

[33] 〈在宥〉(11/d/44-57)。所引原文如下：
「雲將東遊，過扶搖之枝而適遭鴻蒙。鴻蒙方將拊脾雀躍而遊。雲將見之，倘然止，贄然立，曰：『叟何人邪？叟何爲此？』鴻蒙拊脾雀躍不輟，對雲將曰：『遊！』雲將曰：『朕願有問也。』鴻蒙仰而視雲將曰：『籲！』雲將曰：『天氣不和，地氣鬱結，六氣不調，四時不節。今我願合六氣之精，以育群生，爲之奈何？』鴻蒙拊脾雀躍掉頭曰：『吾弗知！吾弗知！』雲將不得問。
又三年，東遊，過有宋之野，而適遭鴻蒙。雲將大喜，行趨而進曰：『天忘朕邪？天忘朕邪？』再拜稽首，願聞於鴻蒙。鴻蒙曰：『浮游，不知所求；猖狂，不知所往；遊者鞅掌，以觀無妄。朕又何知！』雲將曰：『朕也自以爲猖狂，而民隨予所往；朕也不得已於民，今則民之放也！願聞一言。』鴻蒙曰：『亂天之經，逆物之情，玄天弗成；解獸之群，而鳥皆夜鳴；災及草木，禍及止蟲。意！治人之過也。』雲將曰：『然則吾奈何？』鴻蒙曰：『意！毒哉！仙仙乎歸矣。』
雲將曰：『吾遇天難，願聞一言。』鴻蒙曰：『意！心養。汝徒處無爲，而物自化。墮爾形體，吐爾聰明，倫與物忘；大同乎涬溟。解心釋神，莫然無魂。萬物云云，各複其根，各複其根而不知；渾渾沌沌，終身不離；若彼知之，乃是離之。無問其名，無窺其情，物故自生。』雲

　　這一結局很典型。雲將領悟了自主性的秘密,所以不再需
要鴻蒙,自己走了。這則對話,實在絕妙無比。

　　爲了闡明我解讀《莊子》的方法,我對莊子思想的幾個層
面作了初步的探索。下面,我想對我們所做的發現略加補充,
並提出新的問題:我們在莊子當中發現的這些思想,對我們自
己的思維能產生什麼樣的作用?

（續）────────────────

　　　將曰:『天降朕以德,示朕以默。躬身求之,乃今也得。』再拜稽首,
　　起辭而行。」

# 第四講　主體[1]

　　我們是從庖丁、輪扁和游水男子與一些顯貴的對答開始
的，一個主題於是帶出了另一個主題。我們又跟著莊子探索人
的動作，動作的學習過程，必然行動的形成，不同的活動機制
以及它們之間吊詭的關係，同時探索了什麼是主體，什麼是靜
默、虛空、混沌。幾乎每一步，我們還從側面看到了其他的一
些主題，但都不曾切入討論。我們能往下走的路子越來越多，
而現在，無論是研究莊子的思想還是探索我們的親身經驗，到
了一個交叉路口的中間了。只是，我現在必須要走向一個結
論，所以打算從這個交叉口出發，循著三條大道前進，但都不
準備走得太遠，只想指出我們以後可以繼續前行的大致方向。

　　第一條道是通向「靜觀」這個主題。之前我們已經討論過
這個問題[2]。在莊子稱之爲「遊」的這一活動機制當中，意識
「自由地遊走」。它暫時沒有任何實際的企圖，甚至沒有任何
意念，所以能夠以旁觀者的身份觀察身體的活動。不管是動態

---

1　法文原題 "Un paradigme de la subjectivité"（一種主體範式）。
2　關於靜觀活動機制，參閱本書頁47-49、50、67-71。

當中的身體(譬如工匠)還是靜態中的身體,它與活動保持一定的距離,靜止不動,就像老子說的,「嘴呆張著」,變成了一種出神狀態的靜觀意識。在下面引用的一段敘述當中,我們將看到一個典型的移差過程:「遊」這個字逐漸從它日常的「遊走」、「遊玩」的意義轉化到了莊子賦予它的特殊意義,也就是完全超脫的、靜觀的意識。這個故事出自《列子》。這本文集成書於四世紀初期,但涵括了許多古老的文本,其中有一些來自《莊子》。下面這一段,儘管在今天傳世的《莊子》中沒有,卻肯定出自《莊子》。《莊子·應帝王》有一則對話,無論形式還是內容都與此分外接近[3]。參與對話的是同樣的人物:列子和他的老師壺丘。「壺丘」意思是,長得像壺一樣的山丘。他也是一個渾沌先生,在自身保持了他寶貴的渾淪狀態。在這兩則對話當中,他都要向列子傳授如何做到這一點。下面就是《列子》中的文本:

> 原來,列子喜歡出遊,壺丘子問他:「你喜歡出遊,究竟喜歡出遊的哪一方面呢?」列子回答說:「出遊的樂趣在於可以品嘗未知的事物。別的人在出遊的時候,只看他們眼前的東西;我出遊的時候,卻是在觀察變化。遊啊!遊啊!很少有人知道什麼叫遊!」壺丘子又說:「可我在想你這個遊的方式,被你說得跟

---

3　第七章〈應帝王〉(7/e/15-31)。列子、壺子與巫師季咸之間的對話,參閱《莊子研究》,頁31-35。

別人的方式那麼不同，是不是真的不同——因為人只
要觀看，就無論如何也會看見變化。你品嘗事物的更
新，卻不知道你身上發生的更新。你東西出遊，卻不
知道靜觀自身。出遊的人是在事物當中去尋找圓滿，
而內視自身卻是在自身當中尋找完整。真正完美的遊
是在自身身上找到一切。而在外物當中尋找完整，只
是一種低級的形式。」

列子明白了自己對遊的藝術還一竅不通，所以把自己
關在家裡，直到他最後的日子。

壺丘子還說：「沒有什麼能跟遊相比！會遊的人不知
道要去哪里；會觀的人，不知道看見的是什麼。當一
切都處於變動當中，當一切都成為觀的物件，我才認
為是遊，是觀！再沒有什麼可以跟這種遊相比的了！
絕對沒有！」[4]

---

[4] 《列子》第四章〈仲尼篇〉(4/g)。所引原文如下：

「初，列子好遊。壺丘子曰：『禦寇好遊，遊何所好？』列子曰：『遊
之樂，所玩無故。人之遊也，觀其所見；我之遊也，觀其所變。遊乎，
遊乎！未有能辨其遊者！』壺丘子曰：『禦寇之遊，固與人同與，而曰
固與人異與？凡所見，亦恒見其變。玩彼物之無故，不知我亦無故。務
外遊，不知務內觀。外遊者，求備於物；內觀者，取足於身。取足于
身，遊之至也；求備于物，遊之不至也。』

於是列子終生不出，自以為不知遊。

壺丘自曰：『遊其至乎！至遊者，不知所適；至觀者，不知所眂。物物
皆遊矣，物物皆觀矣，是我之所謂遊，是我之所謂觀也。故曰：遊其至
矣乎！遊其至矣乎！』」

據楊伯峻撰《列子集釋》，中華書局，1979，頁127-129。《列子》目前
尚無一個稱意的法文譯本，最好的西文譯本當屬葛瑞漢(A.C. Graham)的
*The Book of Lieh-Tzǔ*(Columbia University Press, New York, 1960, 1990).

　　我引述這則絕妙的對話，首先是爲了想表明它肯定是出自
《莊子》，其次是爲了補充兩點說明。這則對話呈現了在《莊
子》當中某種活動機制與靜觀是如何聯繫在一起的。必須先領
會這一內在的聯繫，才能理解《莊子》中最精彩的一些景象的
性質是什麼，才能分辨其地位與意義。我認爲，產生這些景象
的想像力，不外是我之前稱之爲「身體」的那些所有官能與潛
力之間的自由互動。而由此可以發現，我們內省自觀的能力乃
是我們一般視覺之基礎與存在的條件。如果我們內身沒有這種
想像的能力，也沒有對所產生的景象的一種原來的直覺，那我
們也不可能用眼睛看見任何身外的東西。莊子並沒有研究這個
關係，但是他在這個問題上，和許多別的問題一樣，爲我們提
供了對我們親身經驗重新加以詮釋的起點 5。

　　下面是我想初步嘗試的第二條大道。我已經指出，要進入
莊子的思想，必須先把身體構想爲我們所有的已知和未知的官
能與潛力共同組成的集合，也就是說，把它看作是一種沒有確
鑿可辨的邊界的世界，而意識在其中時而消失，時而依據不同
的活動機制，在不同的程度上解脫開來。按照莊子的想法，學
會適度地轉換機制，或是任由這些變化自然生成，是非常重要
的。意識必須在適當的時候，接受自我的消失，從而讓一些必
要的變化能夠自由地完成，然後才能更自由地、更恰當地行
動。莊子是用「反歸虛空」或是「混沌」這樣的說法來表達這

---

5　筆者在《莊子研究》一書中討論了「視覺」的問題，參閱該書第四章，
　　法文版頁135-136。

一觀念的。這種具有解脫性的倒退，這種感性與經驗最基本的
素材相互的融合，在我剛剛解讀過的這則對話裡都有表述。列
子在聽過了他老師壺丘子的一番話後，對話裡說，他「明白了
自己還對遊的藝術還一竅不通，所以就把自己關在家裡，直到
他最後的日子」。〈應帝王〉裡的一段對話，與此相呼應，而
且比這裡表述得更爲充分，其結尾是這樣寫的：

> 此事之後，列子才明白了自己還什麼也沒學到。他回
> 到家裡，三年都不再出門。代替他妻子下廚燒飯，餵
> 豬也像伺候人一樣，對各種家務都不分貴賤地去完
> 成。他不再耽於雕琢，反歸於原初的素樸，安於自
> 我，如同一塊泥土，在紛亂的世界裡牢牢守護自己，
> 持守一體，終身不變。6

在此，我只是要提一提「退隱」的問題，反歸自我、反歸
「自身」，恰恰要與接受最謙卑的生存相輔相成。另外，還有
一段與此接近的文字，是老子和孔子一則特別有意思的對話，
這裡我只引用對話的開始和結尾：

> 孔子對老子說：「我研習《詩》、《書》、《禮》、
> 《樂》、《易》、《春秋》這六種經典已經很長時間

---

6 〈應帝王〉(7/e/29-31)。所引原文如下：
「然後列子自以爲未始學而歸，三年不出。爲其妻爨，食豕如食人，於
事無與親。雕琢復樸，塊然獨以其形立，紛而封哉，一以是終。」

了，六經的精神都已經吃透了。可是，不知道爲什
麼，我用它去遊説七十二國君，講述先王的至道，啓
發他們學習周公、召公的聖跡，可就是沒有一個國君
聽從我的建議。到底是人都這麼難以説服，還是大道
實在難以説通哪？（……）」[7]

老聃在回答這一問題的時候，向孔子説了一番頗爲出奇的
話[8]，他的結論是：「誰要是得於道，就什麼都自然能行，誰
要是失去了道，就什麼都行不通。」而故事最後是：

孔子三個月閉門不出。然後他又回去見了老子，説：
「啊！我得道了。（……）我抗拒自然的變化已經太久
了！何況我還想要去變化他人呢！」老子説：「這回
你是懂了！」[9]

關於退隱、反歸自我，也就是反歸自身的潛力，我打算只
説一點初步想法。心理分析無法讓人訴求於這些力量，因爲，

---

7 〈天運〉(14/g/74-76)。所引原文如下：
「孔子謂老聃曰：『丘治《詩》《書》《禮》《樂》《易》《春秋》六
經，自以爲久矣，孰知其故矣；以奸者七十二君，論先王之道而明周、
召之跡，一君無所鈎用。甚矣夫！人之難説也，道之難明邪？』」
8 關於本則對話的完整譯本及全面分析，參閱《莊子研究》第二章，法文
版頁64-66。
9 〈天運〉(14/g/80-82)。所引原文如下：
「孔子不出三月，復見曰：『丘得之矣。（……）久矣夫丘不與化爲人！
不與化爲人，安能化人！』老子曰：『可。丘得之矣！』」

儘管佛洛伊德[10]出奇大膽，心理學還是受制於笛卡兒開創的二元論[11]，是從日間意識出發，爲探明其深層底基，預設出一個對立面：無意識。所以一開始，它就把自己封閉在這樣一種「意識」與「無意識」對照結構的理論範式下，而從來沒有再走出來，所以它是從根子上就無法理解意識與身體的潛力之間的聯繫，所以也就無法幫助病患援用這些力量。因此，反過來，才會出現今天風行的這些僅僅通過身體進行的光怪陸離的療法。莊子肯定能夠發明一些對話來嘲弄一番這個瘋子的世界。

我要取徑的第三條道路，通向一些美學的問題。莊子對各種觀念所起的具體作用、對突然在他人心裡引起變化的有效話語感興趣，也對音樂所產生的效果感興趣。下面這則對話可以爲證。對話是在一個名叫北門成的人，與我們此前談到過的黃帝之間進行的。黃帝演奏了一段名叫「咸池」的音樂，使北門成陷入一種深沈的困惑之中。對話裡沒有明確說明他演奏的是什麼樂器。爲了能夠更好地想像這個場景，合理地翻譯這段文字，我設想他彈奏的是古琴。黃帝演奏之後給出的解釋當中，談了一種逐步上升的過程。他演奏的手法每一次都更精妙、更深刻、更內在，使北門成陷入了一種逐漸增強的混亂狀態：

北門成問黃帝：「我聽到您在洞庭之野彈奏《咸池》

---

10　Sigmund Freud(1856-1939)，奧地利精神病學家，精神分析學的創始人。

11　關於這一傳承聯繫，參閱 Michel Henry, *Généalogie de la psychanalyse*（《心理分析學之譜系》）(Presses universitaires de France, 1985)。

之樂，第一次的時候我感到恐懼，第二次覺得自己完
全懈怠，而最後一次則感到迷惑，蕩然無助，完全無
法把持自我。」

黃帝回答說：「這正是您應當感覺到的，因為雖然我
完全是以人的方式在演奏，可是我〔很快就〕讓演奏
手法依照天在運行；我〔很快〕是在一種純粹的能量
當中萃取力量12。〔在我指下〕四時疊起，萬物生長
〔寂滅〕，盛帶來衰，衰帶來盛，物形的展開導致它
們的毀滅，而毀滅重又引起它們的展開。我交替彈奏
清與濁的聲音；各種聲音流動四散；像春天的雷霆，
喚醒冬眠的動物。結束而不收尾，開始而無開篇，音
樂隨死隨生，低落複又升起，只在它無窮的變化當
中，才保持一種常態，而且始終都不可預料。所以你
只能感到恐懼。

「然後我又以陰陽之和，以日月之明來彈奏了這段音
樂。樂曲融會了長音和短音、強音和弱音，把各種變
化齊化為一，但又永遠不讓自己被束縛起來。遇到山
谷就充滿山谷；遇到深坑就填滿深坑。既不以我的感
官，也不以我的精神來介入其中，完全任自己融入事
物。在我的旋律與節奏的魅力之下，鬼神都守留在幽
冥之中，而星辰則按最適當的軌跡運行。我在有窮的

---

12　此處原文三十五字，注者多以為係贗文，未予譯寫。見陳鼓應《莊子今
　　注今譯》（中華書局，1983），頁368，注6。

極限上停止，可音樂的效果卻流向無窮。你想要理解
它也不能，想要看見它也不行，想要追逐它也不可。
所以你只能呆在那裡，失神孤立，站在一處邈茫空虛
的道口，倚靠著枯槁的梧桐扶手呻吟[13]。因爲你試圖
理解的東西限制了你的精神，你試圖看見的東西限制
了你的視野，而你的努力也不能超過你自己所追求的
東西之外，因此你完全不可能跟上我。但你的形體卻
開始融入空虛，你已經開始逶迤於運動，所以你感覺
懈怠。

「然後，我完全克服了慣性，放開了節奏。這下子，
彷彿有了一種原始的叢生，一種無形的複調音樂，連
續不斷地展開，從無聲的昏暗中冒出來，在無限中移
動，同時又保持在一種窈冥之中。可以稱之爲死，亦
可以稱之爲生。似乎是要結果，又像是要開花——前
行、流動、散開、遷徙，完全在所有的常規之外。普
通之人批評聖人這樣讓他們疑惑不堪。可是聖人進入
了自然的運動之中，完全服從於它們。他不讓自己的
精神逃逸，也不讓自己的感官迷失。他一言不發，但
是在他內心裡卻喜悅無比，正是這種」『樂』，被人
們稱作『天樂』[14]。神農曾經這樣讚頌過它：『聽之
無聲，視之無形，它充滿天地，包裹宇宙。』你想要

---

13　亦見於第二講頁34之所引對話。
14　此處文字遊戲用意明顯，同一個「樂」字，既表示「快樂」又表示「音樂」。

聽我的音樂，可是我的音樂沒有給你任何可以捕捉的
東西，所以你只可能感到迷惑。

「通過音樂，我開始是把你拋入一種恐懼，而你還以
爲自己是中了什麼邪祟。然後，我放開了自己的演
奏，所以你就開始懈怠。最後我表演了迷惑，而你因
爲迷惑而陷入一種愚笨。可是通過這份愚笨，你卻又
聯通了大道。正是要任隨自己爲道所載，才進入了大
道的活動中。」15

---

15　〈天運〉(14/c/13-30)。所引原文如下：
「北門成問于黃帝曰：『帝張《咸池》之樂於洞庭之野，吾始聞之懼，
複聞之怠，卒聞之而惑；蕩蕩默默，乃不自得。』
帝曰：『汝殆其然哉！吾奏之以人，徵之以天，行之以禮義，建之乙太
清。夫至樂者，先應之以人事，順之以天理，行之以五德，應之以自
然，然後調理四時，太和萬物。四時疊起，萬物循生；一盛一衰，文武
倫經；一清一濁，陰陽調和，流光其聲；蟄蟲始作，吾驚之以雷霆；其
卒無尾，其始無首；一死一生，一僨一起；所常無窮，而一不可待。汝
故懼也。
『吾又奏之以陰陽之和，燭之以日月之明；其聲能短能長，能柔能剛；
變化齊一，不主故常；在谷滿穀，在坑滿坑；塗卻守神，以物爲量。其
聲揮綽，其名高明。是故鬼神守其幽，日月星辰行其紀。吾止之於有
窮，流之於無止。子欲慮之而不能知也，望之而不能見也，逐之而不能
及也；儻然立於四虛之道，倚於槁梧而吟。心窮乎所欲知，目知窮乎所
欲見，力屈乎所欲逐，吾既不及已矣！形充空虛，乃至委蛇。汝委蛇，
故怠。
『吾又奏之以無怠之聲，調之以自然之命，故若混逐叢生，林樂而無
形；布揮而不曳，幽昏而無聲。動於無方，居於窈冥；或謂之死，或謂
之生；或謂之實，或謂之榮；行流散徙，不主常聲。世疑之，稽于聖
人。聖也者，達於情而遂於命也。天機不張而五官皆備，此之謂天樂，
無言而心悅。故有焱氏爲之頌曰：『聽之不聞其聲，視之不見其形，充
滿天地，苞裹六極。』汝欲聽之而無接焉，而故惑也。
『樂也者，始於懼，懼故祟；吾又次之以怠，怠故遁；卒之於惑，惑故

　　這一席對話是筆者所見過的最精彩的一段美學論述，它理當為世人所共知[16]。而它之所以還不為人知，可能首先是因為它不曾有過夠好的譯本。原文的確相當艱深，某些段落甚至十分晦澀。但是當我們從體驗出發去解讀它，正如筆者所嘗試的那樣，從聆聽音樂的經驗出發，這段文字就變得清晰起來。許多研究專家已經指出，這段文字是針對儒家的音樂概念而作，後者認為音樂乃是禮儀的一種輔助，它們賦予音樂一種調節和教化的功能，而由於記錄了這種儒家觀念的《樂記》一書，成書時間是在西元前3世紀，因此有理由認為《莊子》當中這段文字只能也是比較晚出，因此不可能是莊子的作品。筆者對這一問題，不曾細加研究，因此不便表達意見。只是我想指出在《莊子》一書當中，那些文本真偽頗有疑議的部分，往往也包含了一些絕妙的篇章，不被評注各家重視，因為被人懷疑為偽作。這樣過於謹慎的態度，其實是種障礙。我們應該是不帶過多的成見先去接觸文本，盡可能地理解文本，之後才在更好的基礎上，去提出文本的時間及作者的問題。即使北門成與黃帝之間的這則對話，不曾出自莊子本人，它無論如何也應是一位與莊子心有靈犀的作者的作品，而且其表達之深度與力度，都足堪與莊子媲美。

　　再回到內容上來說，先請注意一個吊詭的現象。黃帝的演奏越是精妙、深刻、內在，便越使北門成陷入一種渾噩的狀

（續）───────────
　　愚；愚故道，道可載而與之俱也。』」
16　在《中國書寫藝術》一書中，筆者曾加以更詳細的評述。參閱法文版頁244-246。

態。黃帝的音樂似乎使北門成陷入一種退化的狀態。我們很難
想像這樣一次完美的音樂演奏，這種高層次的活動，會導致一
種退化。但其實，在某種意義上，當我們在聆聽好的音樂時，
卻恰恰就是這麼一種過程，我們的確是處於一種深層的接收狀
態中。在這樣的時刻，音樂確實能夠使我們的內在活動在幾乎
所有的層面上都產生震動，達成和諧——無論是自我的感受，
還是身體的空間感、動作的內在認知，或是情感、記憶以及最
高妙形式的思維都不例外。音樂把「自身」全部的潛力，從它
最基本的到它最繁複的力量，都融合在同一種動態當中，這便
是黃帝在陳述最後所提到的「大道的活動」。所以我在這裡是
用grande activité(大活動)來翻譯「道」這個詞的。

　　人已經習慣把莊子看作是一個「哲學家」，也就是看作某
種學說的締造者。無論在中國，還是在這裡，凡是寫中國哲學
史的人都要寫「莊子」一章，就要把他的「學說」總結一番，
闡明其內在的結構。而由於他又有道家哲人的名聲，所以
「道」就成了這一建構的樞紐，結果由此而來的陳述不光乏味
無比，而且是錯誤的，因為方法本身就錯了。假如以為《莊
子》一書有個文學外殼，而在它下邊有一個能夠以抽象概念來
加以表述的哲學系統，那就只能誤讀《莊子》。以為可以按現
存文本順序去解讀《莊子》，把它看作是一種論證的過程，同
樣也是一種錯誤。在《莊子》某些篇章當中，是可以看到某種
順序，可是在別的章節中，卻完全沒有。因此，無論如何，必
須對每一個單獨的段落都加以分析，並且就這一個段落本身，
進行思考。之後，再去把這一段落與書中別的，與它呈現某種

契合，或是產生一定共鳴的段落，比照起來進行研究，而不必
管這些段落是在書中的哪一個部分。這樣的解讀方式，使解讀
變成多聲部的解讀，而思考也隨之變成多聲部的複調思考。我
在研讀《莊子》的時候，常常這樣想過：像在巴赫[17]的音樂當
中，其複雜性不在音樂元素裡，而是在元素的組合當中產生
的。這些元素，如果多半不是比較簡單，而且又是有限、明
確、完整的話，巴赫也不可能那麼漂亮地將它們加以組合。元
素的這一特點，或者說，元素與元素之間的分明性，乃是他的
複調音樂不斷更新的必要條件。而由於有元素的這一特性，巴
赫就永遠不會（或是極少）流於浮誇，他總是止於恰到好處的簡
練，絕不激昂張揚，卻又一直都韻味無窮。在一段組曲，或是
一部托卡塔曲[18]中，一個段落結束以後，樂曲便轉入另一段完
全不同的段落當中。我覺得《莊子》有同樣的品質。對巴赫來
講，跟對莊子一樣，這種獨立段落的複調形式，乃表現了一種
思想。

　　可是，我們今天所看到的《莊子》不是一部久已殘缺，經
過了重編的作品嗎？傳至今日的文本，問題如此之多，我們還
能夠就其形式做出上述這些判斷嗎？我認為可以，因為我剛剛
所指明的這些特徵，即元素的有限性與元素之間複雜的關係，
肯定是不曾改變的。而且，我所提倡的這種複調解讀形式，不
僅僅是一種開發作品豐富內容的方法；也是鑒別文本不同成分

---

17　Johann Sebastian Bach（1685-1750），德國作曲家，擅長複調音樂。
18　Toccata，直譯自義大利文，原意為「觸碰」，系以一連串分解和絃按快
　　速音階交替構成，亦稱「觸技曲」。

的辦法，因爲一個段落不能與其他段落形成共鳴，那肯定是質量較低，或來自別的寫手。所以，這種複調解讀，同時還有一種文本批判的功能。

這種作法帶來的一些問題，我在此解答一下，或至少作一次嘗試性的解答。我對《莊子》的解讀與中國的傳統解讀不一樣。在我看來，《莊子》乃是許多精確而可解的描述構成的多元的、開放性的組合。大部分內容都是以故事或是對話的形式呈現，因爲這是其觀點最恰當的表現形式。而中國人似乎大都把它看作是一個深邃的思想系統的形象化的表達。我到目前爲止所看到的所有注家都這樣，從最古老的到最晚近的都一樣。需要指明的是，對於這一廣袤無垠的學術傳統，我尙未能夠做出深入的研究，因此對下面的這些看法需要採用一定的保留態度來對待。

目前我們所知的《莊子》注解，最早的乃是郭象的注，郭象約於西元310年去世。他的注解簡短，但非常系統，是哲學性質的注解，其影響非同尋常。可以說，它持續不斷地主導了全部的《莊子》研究，直到今天，亦是如此。這當中有好幾個原因。首先，郭象不只是注解了原文，他還是《莊子》一書今日型態的始作俑者。對於他認爲不必要的段落，曾經予以刪減，而對於他認可的素材，則重新編排在我們今天認識的三十三篇當中。其影響力大的第二個原因，更爲重要。《莊子》乃是一部詭異的作品，而且文字經常極爲艱深。郭象對它加以系統的解釋，而且只使用了十來個抽象的概念，因此給他同時代的讀者提供了便利。他們本來只理解這部作品的一部分，或都

滿足於唯讀其中的幾個段落，而通過郭象的注解，卻以為可以掌握其全部。郭象給他們的懶惰提供了藉口，因為相信其中有一種高尚的、具有普遍意義而且難以捉摸的內涵，比親自去閱讀，親自去觀察經驗基本的元素，而由此進入一個未知的場域，要容易很多。追求省事乃是一個普世性的現象。另外，郭象還讓人看到，可以如何利用莊子的天才去宣揚實非莊子的思想，而是評注者本人的思想；在這一點上他可是開了先河。千百年來，數十個甚至數百個文人，都曾以為在《莊子》當中找到了他們自己觀點的印證，或者找到了他們所處的時代和生活圈子特有的一些想法的印證。無論他們是屬於道家、佛家，還是儒家，或是三家合一，通常也是注解了與郭象相同的那些段落，而且提出來的解釋也往往與他的很接近。他們的注解讓我有一種感覺，像韓波[19]說的，是在「不斷重複自己的證據」。這倒不是說他們心存故意，或是說他們的注解就一定一無是處，而是說他們不一定是我們所需要的向導。

　　《莊子》與他的評注者之間這一聯繫，讓我想到李維史陀[20]在《憂鬱的熱帶》談及喬托的壁畫時，所說的一段話：「人只在最初才真正有所大創造；無論是在哪一個領域，都只有最初的嘗試，才具備充分的價值（⋯⋯）。開端的偉大，使其中的錯誤都依舊能夠以其美麗將我們壓倒，只要這些錯誤是全

---

19　Arthur Rimbaud（1854-1891），法國天才少年詩人，他的詩是1870至1873年寫成的。

20　Claude Lévi-Strauss（1908- ），法國人類學家。

新的。」[21] 樂維[22] 也曾指出莊子和韓非子乃是最早通過文字，並且以自己的名義從事創作的中文作家[23]。莊子是第一個。

從郭象開始，我們所看到的不只是一種乏味化的過程，而且是一次眞正的挪用[24]。郭象以及其他注者將一種主張人格獨立與自主、拒絕一切統治與一切奴役的思想，變成了一種對超脫，對放浪不羈、放棄原則的讚頌，使得那個時代的貴冑子弟，即使對當權者滿懷厭惡，還是可以心安理得地爲他們服務。他們解除了《莊子》的批判思想，而從中得出他們在權力面前的退卻，即是說他們的「順從」態度的理論根據。《莊子》便這樣變成了貴冑文人以及後來的官僚仕紳精神上的安慰與補償。從郭象開始，《莊子》這樣爲他們的奴性提供想像中的彌補，爲他們天然的保守提供了方便。如果沒有郭象這一操作，《莊子》肯定不可能起到它在後來的思想史，以及文學史上所起到的那種作用。或許它會跟許多別的古代作者一樣，完全淹沒無蹤了。

對《莊子》批判思想的再發現，使得我們對整個這一套傳統產生了質疑，而由此引發了一種顚覆。我們不再是根據這些歷代的注釋去理解《莊子》，除非是在一些細節上，而是反過來，讓《莊子》引導我們去評判其注釋者。讀他創作的對話，可以想像他對他們當中大部分的人會有何感想。這一顚轉，恢

---

21　*Tristes tropiques*(Plon, 1957, 1996), pp. 489-490。喬托，見第一講頁20，注19。
22　Jean Levi，法國漢學家。
23　見其《韓非子》法文譯本 *Han Feizi ou le Tao du Prince*(Seuil, 1999), p. 15.
24　挪用是從這個時候開始的，但是誤解卻比這還要早。參閱下文。

復了一種久遭覆蓋的根本性的內部矛盾，使中國思想史重新產生張力，形成磁場。隨著時間的推移，將來或許能夠產生一種大的視野轉換。

施舟人[25]在他的《莊子》內七篇尼德蘭語譯本導論中，介紹《莊子》這部作品，說它是「中國思想的一座巔峰」[26]。這一說法令我頗感不適，因爲我不覺得《莊子》是在一座巔峰上，跟別的一組巔峰並列一處，而完全是在一旁的。我更願意把它看作是一塊巨大的亂石。我們所公認的「中國傳統思想」，包括中國學人自己所認同的，都深深地印著郭象的痕跡，卻沒有一點莊子的印記。我們應該把莊子放到「遺產類思想」[27]之外。

同時，我認爲還應該對另一個我們習以爲常的觀念，進行徹底的批判，即莊子屬於「道家」（法語的taoïstes）這一說法。這種說法容易誤導西方讀者，因爲他們通常都不知道與他們所謂的"taoïsme"，中文裡對應的不只一個，而至少四、五個概念。中文有漢代史官發明的「道家」範疇，最初包括《莊子》和《老子》，後來又加上了《淮南子》、《列子》等；其次有「仙人之道」，即出現在帝國初期的一系列關於長生不老的信仰；再次有「黃老」之道，一種溯歸於黃帝和老子名義的

---

25　Kristofer Schipper(1934- )，荷蘭漢學家，多年在巴黎任教，對道教有深入研究。

26　*Zhuang Zi. De innerlijke geschriften*(Meulenhoff, Amsterdam, 1997), p. 7.

27　「遺產類思想」(pensée héritée)這一概念，筆者借鑑於Cornelius Castoriadis (1922-1997)。他對西方「遺產類思想」所作的總體反思，希望將來中國有人作相對應的工作。

政治哲學，在漢代初年曾經起過重要的作用；又有「老莊」玄學，即在中世紀之初，號稱回歸「老子」與「莊子」的一場哲學運動，而郭象乃是其中一位傑出的代表；最後是「道教」，一種出現在漢代末年的宗教。把莊子歸入上述範疇中的任何一個都頗爲牽強。道教只是從他那裡借用了一些有限的素材：幾個孤立的概念，比如「心齋」或是「坐忘」，而把書中的幾個人物形象變成了超自然的神仙而已。而對他的哲學思想，道教沒有採用任何一點內容。至於莊子和老子被歸屬於同一個目錄學分類，因而逐漸地被看作是同一個哲學流派的代表人物，這實在荒謬，因爲這一學派從未存在過，而且二者在一些關鍵的問題上所持的理念甚至完全相反。他們二者差異最大的一點是，對《老子》來說，萬物是有一個本源，或是一個起源，而對莊子來講，卻沒有。這一差異從哲學角度講，是根本性的，而從其政治與宗教的後果上看，也同樣根本。《老子》對中國政治觀念與實踐產生了極爲深刻的影響，因爲它主張君主把自己放到萬物的本源上，或是將自己變成萬物的本源，從而能夠以自然的方式來控制萬物，實行一種悄無聲息、不爲人知的統治藝術。它還給後來興起的道教提供了任何宗教都需要的最初的奧義敘述。而莊子，卻從來也不曾在政治上，或是宗教上能夠被任何人加以利用。在此，我還想重複葛瑞漢提出的設想，即：《莊子》書中某些關於孔子與老子的對話，使西元前3世紀的某位無名作者想到去製造《老子》一書的[28]。同時，我也

---

28 參閱第三講，注11。

重申一次我自己的設想：莊子可能接受了一套禮學的教育，即是說儒家教育，然後再從它出發，發展出了自己哲學思想中一個重要的層面。把莊子歸類爲道家學派思想家沒有任何好處。這種成見對閱讀《莊子》乃只能是一種障礙。

我承認我剛剛提出的這些看法，都太過匆促。我在此提出來，只是想說明一下對《莊子》進行仔細的閱讀，會開拓出什麼樣的前景，會如何改變我們對中國思想史的認識。接下來，我還想指出這一閱讀對於我們今天的思考能產生什麼樣的作用。在此，我將局限於前面已經討論過的主題，即不同的活動機制以及它們之間吊詭的關係。我希望能說明，這一全新的解讀，是如何因爲我們所處的時代而成爲可能，同時又將能爲這一時代產生怎樣的反饋。

我不相信普遍意義上的進步，但承認在某些領域有進步存在。斯湯達爾[29]在其《自我描述的回憶》一書當中說過一段話，我第一次讀到的時候，引起了我的注意：「自我描述，若是眞誠的」，他說，「乃是一種勾畫人心的方式，而對人心的認識，從1721年孟德斯鳩這位爲我悉心奉誦的先賢，撰寫《波斯人信札》的那個時代至今，已是大大地前行了許多步。這進步有時竟大到在今日看來連孟德斯鳩也過顯粗鄙」[30]。斯湯達爾的這一觀察，我把它跟格拉克在《邊讀邊寫》當中的這段話聯繫起來看：「普魯斯特之所以在文學上沒有明顯的後繼，原

---

29　Stendhal(1783-842)，法國作家，著有《紅與黑》、《巴馬修道院》等小說。

30　*Souvenirs d'égotisme*(coll. Folio, Gallimard, 1983), p. 115. 孟德斯鳩Montesquieu(1689-1755)，法國作家、思想家，著有《論法的精神》。

因之一乃是其文學後繼者究竟是誰，應該很難辨認——因爲他的創新，並不那麼在於構造了通常所謂的一個作家自己的『世界』，即一種獨特的敏感對客觀世界的過濾，而是開創了一種具有決定意義的技術革新，而他提供的新技術立刻可以爲任何人運用，即文學『光學儀器』上一次質的飛躍。眼睛——內在的眼睛——分辨的能力，在此變成了兩倍——這便是關鍵的創新。它跟顯微鏡的改良一樣，意味著在已經開發的領域，觀察將會達到更高的精細程度，而同時又能進入新的，至今尚無法辨識的那些領域。」[31] 普魯斯特本人也談到過光學儀器。在《追憶似水年華》當中，他寫道：「其實，每一個讀者，在閱讀的時候，都是其自我的讀者。作家的作品，只不過是給讀者提供的一種透視鏡片，幫助他分辨自己原來可能無法看到東西……。作者沒必要對此感到不愉快，相反應該讓讀者有更大的自由，對讀者說：您自己看看，用這一片，或是那一片，或是這其他的哪一片，您是不是看得更清楚。」[32] 觀察的精緻化，離不開語言的精緻化。米紹若不是有那樣一種極爲個性化的、獨特而精準的筆法，便不可能那麼清晰地描述各種吸食毒品所引發的失序狀態。20世紀在這方面所取得的進步，使我們比以往更能夠關注我稱之爲「無限親近、幾乎當下」的經驗。在繪畫上亦是如此。塞尚[33] 比起他之前的任何畫家來，更深入地探索了我們對外物的感覺是怎樣跟我們的精神圖像相結合，

---

31　*Œuvres*（見第二講，注3），vol. 2, p. 624.

32　*Recherche*（見第二講，注7），vol. 4, pp. 489-490.

33　Paul Cézanne（1839-1906），法國大畫家。

產生我們對事物的認知的。他沒有去「彷造」客觀世界，因為
所謂客觀世界永遠只是一個習規的世界，他是有意識地通過新
的繪畫技巧，去揭示我們對感性世界的知覺是怎樣形成的。在
哲學上，也有類似的一種動向。現象學便是以它自己的方式，
爭取從近處描述各種現象是怎樣顯現在我們意識當中的。維根
斯坦則揭示了我們與語言的關係當中存在的各種吊詭。原來還
可以舉出許多別的人。我們進入了對主體和主體性的一種新的
問題意識。

　　這樣的變化，必然對過去也會產生一些回溯性的影響。有
了新的視覺工具，我們會以不同的眼光去看古代的繪畫，以不
同的方式去閱讀過去的哲學家和作家。如果他們是一些大畫
家、大哲學家或是大作家，我們會在他們的作品裡發現一些我
們早有預感，但在以前卻看不清或說不明的東西。正如羅森[34]
最近在《紐約書評報》上一篇文章中指出的那樣，20世紀的音
樂，改變了而且深化了我們對古典音樂的理解。「我們現在知
覺到的東西」，他說，「當然一開始便已經就在其中了」[35]。

　　這一歷史情境，同時也使重新解讀《莊子》成為可能。從
某些方面來講，或許我們甚至是莊子原來希望遇到的讀者。他
後來的注釋者們畢竟不是他選擇的。他不可能預見到，在他之
後的中國思想與宗教有什麼樣的發展。我這麼口出狂言，不是
從根本上抹煞中國歷代注釋者們的意義，而是為自己爭取一種

---

34　Charles Rosen，美國鋼琴家、音樂批評家。

35　"Mallarmé the Magnificent," *New York Review of Books*, 1999.5.22, p. 45.
　　Stéphane Mallarmé(馬拉梅，1842-1898)，法國詩人。

權利，即有權不去無條件地服從於他們的權威。同時，我也不是說，我們今天使用了更為精準的語言，就已使我們成為比莊子更有洞察力，思想更深刻的人。莊子以他自己的方式，很完美地描述了他所想要描述的東西。

不過，這其中並不止於觀察與描寫。一位藝術家，一個作家，必然也是一個做實驗的人。他不只是在其藝術手法的調試當中，而是(甚至首先是)在他的感覺、認知和再現世界的方式上做實驗。這份實驗性，可能或顯或隱、或有意識或無意識、或承認或不被承認，這都因人而異。在普魯斯特或是米紹身上，比如說，就極為明顯。但是，這種拆解又重造世界的能力，卻是普同性的。在我們每個人身上都有，而且是我們不可或缺的。當我們有意識的活動陷入死路，當它被禁閉在一個錯誤觀念系統，或是一些不切實際的計劃當中時，知道如何返歸渾沌與虛空，是一件事關生命的事。我們的救贖，這時便取決於我們退步的能力，看我們能不能去「遊於物之初」，找回「唯道集虛」的那個「虛」。只有能夠進入這種虛空，才可能完成必然的行動。而無法實現虛空，我已經說過，只會產生重復、僵化，乃至瘋狂。讀者還記得，顏回在「坐忘」之時，能夠「同於大通」，而因為這一點，孔子還把他認作是自己的老師了。

這種拆解又重造我們與自我、與他人、與事物之關係的能力，不只對個人是生命性的大事，對群體、對一個社會亦是如此。莊子對此獨具敏感，很可能是因為他生活在一個混亂，滿是毀滅性衝突的時代，但也是因為那是一個思想活躍的時代。

針鋒相對的理論衝突，成了他對語言進行反思的起點，使他能夠對語言的創造性功能與其任意性做出清醒的分析[36]。就我所知，他是惟一一位有過這種認識的中國哲人。而其思想的這一內容，在他身後，恰恰不再爲人理解。於是我們反而處於一個有利的位置上，可以看到這一點，並且理解其深遠意義。我們跟他一樣，也是生活在一個危險而動蕩的時代。

今日對《莊子》進行仔細閱讀，其意義由此而來。尤其是因爲，我們在與自我、他人以及外界的關係上進行實驗、進行煉金術般的「融釋與凝結」[37]，如果不去試用新的思維範式，便不可能完成，而莊子正好爲我們提供了許多這樣的範式。僅在我這幾講的探索中，我們便已看到了關於學習過程、動作的形成、活動機制以及由一個機制向另一個機制的轉換，「天」與「人」之分，靜觀意識的「遊」，虛空與渾沌，以及身體作爲一種可知亦不可知的活動等等一系列概念。這些都是珍貴的觀念，因爲它們可以使我們更好地觀察我們的親身經驗，或是從另一個角度來觀察，從而克服我們慣常的思維範式所造成的某些悖論。我在前面提到過的，關於蒙田與動物，克萊斯特與純眞的喪失，神學問題的純粹人性特徵，以及心理分析中的一些悖論，就是順便提到的一些例子。

一言以蔽之，《莊子》當中凸顯了一種嶄新的主體以及主體性的概念範式。主宰了我們的宗教和哲學傳統，以及我們心

---

36 關於這一點，參閱《莊子研究》，第四章，法文版頁155-159。
37 拉丁語solve et coagula，西歐傳統煉金術術語。

理學觀念的「主體」，被定義爲一種自主而能動的機能，而其
主動性可以轉化爲被動性，因而有所謂「激情」[38]的觀念。這
一主體與被創造的世界相對立，所以到了現代就成了面對客體
的主體。而在當代，這一範式受到了質疑，但是其整體觀念卻
並不曾有所改變。在《莊子》這裡，我們看到的概念是不同
的。我們所謂的「主體」和「主體性」，在其中呈現爲一種在
虛空與萬物之間來回往復的過程。而在二者之間，是前者——
虛空或是混沌——居於根本的位置。我們是憑藉這一虛空才具
備了變化和自我更新的能力，使得我們能夠在必要的時候重新
定義我們與自我、他人及事物的關係；我們也是從那裡萃取了
賦予意義的根本能力。正如我們已經看到的，莊子憑藉這一概
念範式準確而圓滿地描寫我們最基本的，有時含有不少內在吊
詭的經驗。

我相信，進一步研究這些文本，就會證明，莊子論述到虛
空與萬物之間來回往復的過程時，描寫的是我們主體的運作。
我們之所以不容易看出這一點，是因爲這些文本，在後世被詮
釋成了一種宇宙的運作。虛空與萬物之間的往復，被理解爲對
世界之運作的描寫，而主體的運作只是其中一個特殊的、衍生
的、下屬的形式。這一理論視角的變化，其實在《莊子》的某
些部分便已經出現了一些徵兆。而後來，這種宇宙論或是形而
上學的詮釋更是主導了整部《莊子》的解讀。

---

38　法語的passion「激情」一詞，原意爲「承受」、「被支配」，與action（行
　　動）爲反義詞，是兩個相對應的概念，與動詞變格的主動式actif與被動式
　　passif相關。拉丁語系的語言都是如此。

　　這一概念範式還有一種含意：莊子所說的「虛」或是「混
沌」之所在，不是別的，而是身體——當然，不是客體化的
「他身」，或是笛卡兒所說的「機器」，而是我提出來的「我
們所擁有的或是支配我們的，所有已知或未知的官能、潛力之
總合」。這一點，莊子不曾說過，至少沒有用這樣的辭彙說，
但卻向我們做出了展示。他以多種多樣的方式，而且經常是以
出人意料的方式，讓我們領會到只有任隨身體——如此構想下
的身體——自由地運作，我們才能夠保障自身的自主性。這一
思想，對我們來說，很是非常新鮮，因爲我們一直認爲由我們
的意識所掌控的行動，才是我們自主性的基礎與保障。

　　我在想，在這一主題上(以及別的主題上)，莊子的思想會
不會契合於一種在我們的文化深層當中悄然醞釀的變化。我們
的「主體」、「主體性」、「精神與軀體的二元對立」等等概
念範式，已被撼動。這我們都感覺到了，只是由於沒有別的選
擇，我們還依舊受制於它們。只有少數視野超邁的人，在某些
時刻，對可能出現的新範式有過某種預感。我想到的，有超現
實主義那一派的幾個人，在某些時候，堪比先知。他們曾有過
的一些最強勁的靈感，使他們趨近於《莊子》的一些眞知灼
見。布列東[39]曾說，「人有深不可測的、極其可貴的『內身超
越』，而在幻想中把它無限擴大，在其上建立他所有的『彼
岸』」[40]。而佩雷[41]也跟莊子一樣，以納維爾[42]的話來形容，

---

39　André Breton(1896-1966)，法國作家、超現實主義理論家。

40　"Du surréalisme en ses œuvres vives" (1953)，收入 *Manifestes du surréalisme*
　　(《超現實主義宣言》)(coll. Folio, Gallimard, 1991), p. 170. 此處「內身超

是「保存著其意識的無意識」。恩斯特[43] 算是超現實主義中最有創造力的藝術家，唯布紐爾[44] 可與之比肩。他曾在一套剪貼藝術作品《百頭女人》[45] 圖版的每一幅圖下加注了一條說明，把這些說明一句一句地連起來，又是20世紀最寶貴的一闕詩篇[46]。其中第137條上寫道：「永恒之父枉費心機，想將光明與黑暗分離。」[47] 還有最後倒數的第二句，讓人不禁會想到莊子講的那些意識之吊詭：「問這猴子：誰是百頭女人？他會學著古代神學大師的樣子，回答你：我只要看百頭女人，我就知道；你只要問我誰是百頭女人，我又不知道了。」[48] 這則絕妙

（續）

越」與「彼岸」為對文遊戲，原為en-deçà「界線這邊」與au-delà「界線那邊」。「彼岸」在此地可譯成「外在超越」。

41　Benjamin Péret(1899-1959)，法國超現實主義詩人、無政府主義者。

42　Pierre Naville, *Le Temps du surréel*（《超現實之時》）(Galilée, 1977), p. 177.

43　Max Ernst(1891-1976)，德裔法國超現實主義畫家。

44　Luis Buñuel(1900-1983)，西班牙電影製片人，曾參加法國的超現實主義運動。

45　這一標題La Femme 100 têtes取義諧音：100 têtes「百頭」與sans têtes「無頭」在法語中完全同音；藉此暗示這一女人有身無頭，也就是沒有意識，但其身又能自由地產生一百種不同的意識狀態。

46　Max Ernst, *La Femme 100 têtes*(Editions de l'Œil, 1956，包括全套圖版). Max Ernst, *Le Poème de la femme 100 têtes*(Jean Hugues, 1959，只印圖版說明). Max Ernst的文集，*Ecritures*(Gallimard, 1970，只印圖版說明), p. 169, 171.

47　這一句意義同樣深長。永恒之父即上帝，在創世中首先是把原始渾沌分成了光明與黑暗，即可以理解為意識與無意識，而如今卻再無法將它們分開了。

48　圖版說明影射著聖‧奧古斯丁(Saint Augustin)*Confessions*（《懺悔錄》）出名的一句話(11/14/17)：「什麼是時間？沒有人問我的時候，我知道它是什麼，而要解釋它是什麼，我便不知道了。」聖‧奧古斯丁(354-430)，古代天主教思想家。

的文字，我就覺得它跟黃帝和他的玄珠那一段非常契近。

　　我希望至此已經說服了讀者，如果我們肯花時間用心地去閱讀《莊子》，把約定俗成的詮釋和礙手礙腳的成見全都拋開，莊子就會顯現出他確是一位尖銳、精準又深刻的哲學家，同時又是一個令人驚訝、深不可測而珍貴無比的作者。

文化叢刊
# 莊子四講

2011年10月初版　　　　　　　　　　　　定價：新臺幣220元
2022年3月初版第四刷
有著作權‧翻印必究
Printed in Taiwan.

| | | |
|---|---|---|
| 著　　　者 | 畢來德 |
| 譯　　　者 | 宋淑剛 |
| 叢書主編 | 沙淑芬 |
| 校　　　對 | 林易澄 |
| 封面設計 | 蔡婕岑 |

| 出　版　者 | 聯經出版事業股份有限公司 | 副總編輯 | 陳逸華 |
|---|---|---|---|
| 地　　　址 | 新北市汐止區大同路一段369號1樓 | 總編輯 | 涂豐恩 |
| 叢書主編電話 | (02)86925588轉5310 | 總經理 | 陳芝宇 |
| 台北聯經書房 | 台北市新生南路三段94號 | 社　長 | 羅國俊 |
| 電　　　話 | (02)23620308 | 發行人 | 林載爵 |
| 台中分公司 | 台中市北區崇德路一段198號 | | |
| 暨門市電話 | (04)22312023 | | |
| 郵政劃撥帳戶第0100559-3號 | | | |
| 郵撥電話 | (02)23620308 | | |
| 印　刷　者 | 世和印製企業有限公司 | | |
| 總　經　銷 | 聯合發行股份有限公司 | | |
| 發　行　所 | 新北市新店區寶橋路235巷6弄6號2F | | |
| 電　　　話 | (02)29178022 | | |

行政院新聞局出版事業登記證局版臺業字第0130號

本書如有缺頁，破損，倒裝請寄回台北聯經書房更換。　　ISBN　978-957-08-3779-7 (平裝)
聯經網址 http://www.linkingbooks.com.tw
電子信箱 e-mail:linking@udngroup.com

本書中文繁體字版由中華書局授權出版

國家圖書館出版品預行編目資料

莊子四講/畢來德著 . 宋剛譯 . 初版 . 新北市 .
聯經 . 2011年10月（民100年）. 128面 . 14.8×
21公分（文化叢刊）.
ISBN　978-957-08-3779-7（平裝）
[2022年3月初版第四刷]

1.莊子　2.研究考訂

121.337　　　　　　　　　　100002892